不想和你谈人生，只想和你谈恋爱

柒先生 / 著
Mr.Seven Works

Wuhan University Press
武汉大学出版社

图书在版编目(CIP)数据

不想和你谈人生，只想和你谈恋爱 / 柒先生著. —武汉：武汉大学出版社，2016.9
 ISBN 978-7-307-18253-0

Ⅰ. 不… Ⅱ. 柒… Ⅲ. 恋爱 – 通俗读物 Ⅳ. C913.1–49

中国版本图书馆 CIP 数据核字 (2016) 第 158618 号

责任编辑：安斯娜　　　　责任校对：王婷芳　　　　版式设计：郑　汐

出版发行：**武汉大学出版社**　　（430072　武昌　珞珈山）
　　　　　（电子邮件：cbs22@whu.edu.cn　　网址：www.wdp.com.cn）
印刷：三河市祥达印装厂
开本：880 × 1230　1/32　　　印张：10　　字数：159 千字
版次：2016 年 9 月第 1 版　　2016 年 9 月第 1 次印刷
ISBN 978-7-307-18253-0　　定价：38.00 元

CHAPTER 2

•

大事不妙，我好像喜欢上你了 089

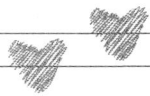

CHAPTER 3

•

很高兴认识你，万里挑一的好姑娘

1

每一段人生对我们来说，都是 coming soon，不是全剧终，所以那些坏的日子没啥好悲伤的，带不走的留给过去让它消遣，跟着你的去未来快活。跨过每一次的坎，就是长大一岁的人了，哪那么多的儿女情长供你矫情。

我们生在这世上，总会遇见形形色色的人，我们都是某一个人的一半，我们冥冥中有点缘分拼在一起行走在这个残酷的世界。所以，这世界，有你一半，有我一半，火焰一半，海水一半，我们随潮汐退去，我们迎光芒新生。

所以很高兴认识你们。

你不知道我长什么样子，你只读过我写的故事，这就是我们认识

的方式。没事，不会过多久，你可能还会吃我亲手做的包子。

我知道，我们终究孤独，但还是想试试在一起。

因为在一起，我们相信了许多更美好的事，一直在发生。

2

2015年做的最对的一件事，就是开了一个公众号给你们讲"好吃"的睡前故事，因为故事，我每一天过得超级有意思。2015年，听了超过2000个姑娘关于爱的故事，这里面有你讲给我的吗？因为你们的喜欢，让我坚持了这么久，所以，谢谢我来不及去面见的每一个你，谢谢你们或长或短的故事，或午后或深夜交换的秘密，我们只是差见一面的朋友。

你们每一个人，都是万里挑一的好姑娘，来自河海山湖，在某个夜晚走进我的故事，我热个小酒，想跟你聊聊。当你看见这篇文章，证明我是幸运的，幸运到在这个残酷的世界，碰到跟我一样还在相信爱的人。

序

你说我会安慰人，其实我跟你们一样，度过无数个自己安慰自己的夜晚。我常常问一些姑娘，你离开了他，会死吗？她说，不会，但是活得挺难受，不知道往后该怎么去爱。

是的，当我们在告别一场爱的时候，我们到底在跟什么告别？那不过是跟青涩的自己说声再见，谢谢它陪你疯过，最快的成长就是路上遇见渣，这辈子不后悔，下辈子不这么过。走出阴影最好的方式就是不停地奔跑，不停地把自己变好，多读书、多看报、少吃零食、多睡觉。爱只是生活的一部分，你热爱生活，你依然是光芒万丈的好姑娘。

我常常劝一些姑娘，去爱吧，那是让你无限接近美好的一种方式，千万人已经选择了这种方式，你不用担心结果。时间，有的是时间给你最好的。她说，万一被拒绝了，怎么办？

是的，当我们在开始一场爱的时候，我们到底在跟什么相逢？跟那个最好的自己在最好的时光里握手言和，路途遥远在一起吧！合拍那就一路高歌边走边爱，不合拍也能微笑释然，青春嘛，就是拼尽一切努力跟喜欢的一切在一起，哪怕最后分开。

3

公众号后台有太多让我感受颇深的故事，每次读起来依然心疼，其实，我们都一样，被爱伤得彷徨过，劝你的话我当年也劝过自己，所以管用。但是，我们都该相信，话疗的效果，治标不治本，路还是要靠自己走。

每个故事被说出来，对于当事人来说都是一场告别，你听故事里的那个自己好坚强，那是你脱下的叫作青春的一袭华丽的袍子。你说，我们总活在过去，那生活该多无趣。

生活里有太多太多比爱更可爱的东西，你看铁板上吱吱响的牛柳，你看锅里咕嘟咕嘟炖的蛤蜊冬瓜鸡，芒果冰沙提拉米苏马卡龙，果冻布丁、椰汁豆糕、榴莲酥，你说，哪一个不比爱更可爱，偏偏你把大好的时光给了往后让你痛彻心扉的爱。

明年，我将走在路上，每一个有你的城市的路上，你带我尝尝地道的小吃，我听你说说你的故事，我要把你的故事说给所有相信爱的人听。

我知道这个梦太遥远，但是我想试试，从明年开始吧，我已经实现了太多理想主义的梦，养金毛狗，开包子店，娶内蒙古的姑娘。这一个，我相信，在不远的明年吧，不行的话，后年，反正，我总归是要见你一面的。

4

所以，陌生的姑娘，你好，加油，总会遇见好事儿。

跟这个世界交手这么多年，就学会了6个字：求轻虐，别打脸。凡事，都要有一个开头，都要去尝试，我决定挑战一件我没有天赋的事。你相不相信有些事，你热爱万分，努力千分，最后收回百分回报，没有天赋的事儿，能坚持下来，也会有点小意外呢。

每一件小事，叠加起来，就是我们未来的样子，这话一点儿不假，有些事，你哪怕努力了一点点，它也会有变好的迹象，这世界真不公平，它也不会善待你，全世界都会欺负你，但是只要你强大哪怕一点点，所有人就会对你刮目相看。我们这么拼，就是想看看更大的想象。

不要疏于打扮。无论是婚前还是婚后，漂亮要时刻放在心上，时光不会对你好的，你熬夜就会有黑眼圈，你吃辣就会长痘痘，你上火嘴上就起泡，你自己要善待自己，素妆就好，每天美美哒，心情好好哒，那样工作才顺心，爱情才顺心，哪里产生的坏情绪就丢在哪里，永远别带入下一个场景里，好好吃饭、好好恋爱，回家就别谈工作。

要努力去赚钱。有一份不用养家糊口的工作，但是足以支付自己想要买的东西，不用委屈自己。有一帮聊得来的同事，偶尔聚餐聊天，可以喝酒 K 歌。不用为了升职加薪钩心斗角，想干就拼命加班，不想干可以随时撤离，但是别老任性。职场这地吧，有时候忍一忍风平浪静，人总要学会长大，把情绪压下来。别动不动就张口闭口"这不公平"，这是不成熟的表现，公司里，每一个人都有角色，你拼了命在别人那里指不定只是起点而已。所以，自己好好努力就行，不用羡慕、不用嫉妒。

早点结婚，早点生孩子。女人的一生多数挺悲哀的，一生孩子，之前的成绩全部清零，需要重新奋斗。生完孩子，你回到原先的岗位，对不起，人家在你一年的空当内早有更漂亮、更年轻的姑娘顶替，要么你从头开始，要么走人，就这么现实。都说25岁是个坎，那是婚姻的坎，如果你结婚，结了婚就要备孕，生孩子，大概两三年内缓不过神来，一竿子支到二十八九岁，这大好的青春，只剩下呜哇乱叫的一个孩子。但是早结婚，25岁，你黄金时代，孩子两三岁，事业黄金期。婚姻是长线战争，你要找好时机，一步错，步步错。

要有一个时刻想起来都兴奋的梦想，并努力去实现它，你是婚姻里的一分子，婚姻不是你的全部。你要美好生活，别把所有的期望寄托在老公和孩子身上，你结婚不是为了做一个保姆，洗衣做饭带孩子。每一个卑微的梦想，什么时候开始都不晚，只要你决定了，就前行吧！

无论是婚前还是婚后，允许你彷徨和埋怨的时间，只有一晚上，一个热水澡、一杯牛奶，天亮必须容光焕发。你把自己变得强大，不是说你不需要男人，而是这世上除了你自己，其他都是附加值。

当你自身的价值提升了，所有的附加值的意义才会重大，你问，女孩子，为什么要那么拼？嫁个好老公，当个全职太太多好。你觉得嫁一个好老公和让自己变得更好，哪一个更容易，你更相信哪一个？经济自由，是现实社会一切自由的入口，这世界就这么残酷啊！

所以，姑娘，年轻就是你最好的增值期，你又不坐月子，干吗喝那么多鸡汤，努力地躁起来，这花花世界，这大好时光，多带劲儿。

不想和你谈人生
只想和你谈恋爱

，

CHAPTER · 1

攒了一辈子运气，

只为放大招遇见你

她问我，爱情是什么？

1

有一天，奇奇给我打电话说，告诉我一件开心的事。在我的印象里，奇奇是一个开心就喝酒、喝酒就开心的单纯姑娘，她的三观正到跟她五官一样令人发指。对，没错，她是那种上帝偏爱的姑娘，感觉她小时候一定掉到咸菜缸里了，要不怎么颜值那么高。可是，她说，她分手了。

我知道她有一个男朋友叫怪怪，关键我几个月前还祝她幸福呢，可惜，这段感情没撑过三个月的魔咒。她说，我要坐发车时间最近的一趟火车去找你喝酒。她说完这句话的时候，沉默了一会儿说，算了，我忘记了，你已经结婚了，现在不方便了。

记得上一次喝酒到凌晨5点，在安静的路边摊上，她指着对面楼说，你看，那家的炊烟好漂亮。我说，你会有那么一天，系着漂亮的围裙，煎着鸡蛋，面包烤得酥酥的，还会热两杯牛奶。她问，这一天，多久？我说，很快。

有多快呢？大概 5 个多月后吧，她恋爱了，她开心地跟我说，我恋爱了。她晒他们一起吃的烧烤小龙虾，晒他们一起喝的啤酒，她的人生仿佛一下子丰富了起来，因为她朋友圈的更新速度越来越频繁了。

后来他们有了第一次争吵，她问我，爱情是什么？

真不知道该怎么回答，我说，应该是两个齿轮遇见，然后彼此咬合，伤害，摩擦，最后一起往前走吧！不过我记得，在马家屯，豆腐姑娘告诉过我，爱情就像卤水点豆腐，一物降一物。

再后来，她跟我讲怪怪，怪怪最后跟她说，大概会半辈子亏欠和内疚，没在最好的时光，疼惜最好的人。奇奇跟我说的是，该是性格不合，我好渴望拥抱，身体却在拼命逃，我是习惯了自由的人，所以最后还是和平分开吧！

我问，当初为什么在一起？

她说，当初以为彼此是对的，长街月下，来两扎酒，风雨正好，有诗有肉，举起酒杯，才发现，那风绕过你，对，是绕过，你在屋檐下躲雨，对，是躲过。想拼命追，最后发现追上的不过是那个更好的自己。

我问，现在是吵架，还是无可挽回？

她说，是不是我的恋爱有问题？

我说，有点，你总是分不清什么叫爱，别人一对你好，你就想跟人跑。你从来不去猜忌这好的背后有什么目的，你觉得这世上的所有人都善良如你，你哪知道世事险恶，你常坐旋转木马绕圈，你哪知道这世事多数是圈套。

她说，可是，不喜欢一个人为什么要靠近？

我说，靠近，是因为有我们想要的东西，我们靠近一个火炉，并不是喜欢火炉，而是我们需要温暖。

她说，那什么叫爱情？

我说，是吵架了，却从来没有想过要离开。

2

如果你问大同，爱情是什么？他一定会说，上一个冬天，买了两支冰激凌，姑娘说我要尝尝你的是什么口味。真的，那感觉——天空飘来六个字：透心凉，心飞扬。

大同是我一个远方的朋友，仔细说来应该算是我的一个读者，那个时候他女友叫小昇，他们是同事，不是在最好的年纪刚好遇见，而是我想谈恋爱，你正好有空，世界就是这么美好。

回头想当时大同问小昇，我有两张电影票，你要不要？小昇开心地说，要，谢谢。然后小昇转身跑了。大同看着小昇的背影才补齐上一句话，跟我一起去看？

大同问小昇，我有两张餐厅的代金券，听说他们家的扇贝粉丝和梅子茶泡饭特好吃，你要不要？小昇开心地说，要，谢谢。然后小昇转身跑了。大同看着小昇的背影才补齐上一句话，跟我一起去尝尝？

大同问小昇，我有一份恋爱，你要不要？小昇开心地说，要，然后呢？这一次小昇没有跑，大同突然一下子脸红了，然后补齐上一句话，跟我谈一谈？小异说，你容我想想。大同又补了一句，刚买了两张电影票，两张餐厅代金券，不用挺可惜的。小异开心地说，你早说嘛！

我跟大同说，真羡慕你，有生之年，见过爱情一眼。

大同说，我记得那个冬天，醒来后我去上班，都已经走到楼下了，突然觉得有个事没做，我上楼，然后热油煎蛋，煎火腿，找沙拉酱，然后热牛奶，一切摆得妥妥的，我去卧室叫醒她，然后在她额头上亲了亲，怕我走后，她不记得吃早餐。嗯，家里没有暖气，那一个吻有点凉，但感觉真好，透心凉心飞扬。不过，等我醒来，我知道我们已经分手半年了。看看闹钟，才凌晨5点多，是的，最近经常这样醒来。百度地图说我俩的位置有382公里，它真傻，它不知道她住在我心里。

每个人对爱的理解节奏都不一样，她已离开多年，在你这里觉得才刚刚开始，你不过刚刚下楼去买了两支冰激凌而已。

爱情开始的时候，总是猝不及防，一下子就击中了，惊喜无处躲藏；分开的时候，总是天各一方，一下子就脱靶了，悲伤无处躲藏。一个人，总是要怀念另一个人很久很久，而离开的那个人早已开始新的幸福。我们常说的疗伤，自己舔舐爱情留下的伤，其实不是，是爱情的气味，还没有散尽，我们想再闻一会儿，闻得久了，就走不出来了。

我问大同，你为什么把时间耗在没有意义的伤上？

大同说，没有一处伤是没有意义的，只是纪念的方式不同而已，我是告诉自己，下次不要这么爱。那个疤痕是提醒，就像每天早上叫我起床的铃声，我们明知道铃声响了以后心里还会默念再睡五分钟，我们明知道下次还会继续这么爱，但是它们之于我的意义，就是提醒，我可能短期做不到，但是因为提醒，我就不会那么肆无忌惮了。

我说，那是伤口留给你的幻觉，其实早不疼了。

大同说，我们都做过那种美梦，睡过了头的梦，就是不愿醒来而已，我们太擅长做那些自欺欺人的梦了。

3

冬瓜是我一个好朋友，他有一辆拉风的摩托车。在马家屯，值得我等的有两个人，一个是快递小哥，一个就是胖子冬瓜。快递小哥值得等，那是因为快递小哥每一次打电话，我总觉得他带来五湖四海的漂亮姑娘，要不他怎么老说：有你快递，下楼取（娶）一下。冬瓜值得等，那是因为他总能搞到稀奇古怪的好酒。

两年前他搞到一瓶女儿红，对，三亩田的糯谷酿成的那种女儿红，仔细装坛封口深埋在后院桂花树下，女儿出嫁的时候陪嫁的贺礼，那一小口，醉的是十八年你不曾赶上她的青春。那天姑娘递给他一坛女儿红，仿佛攒了半生的情话，想要说，最后却努努嘴，只说了一句：喝酒不开车，开车不喝酒。

冬瓜的女朋友特瘦，瘦得跟精排似的，我喜欢叫她排骨，这样她跟冬瓜就更般配了。那天冬瓜提议加满油，往东开。"开，往城市边缘开，把车窗都摇下来，用速度换一点痛快。"姑娘的家乡在东边的城市，她说那里看到日出比这里快至少30秒，为了求证这一个问题，他们从我的包子店打包了两份包子就出发了。

出发前那天晚上，孤单被热闹的夜赶出来。冬瓜说，开车行天下，车后座有酒有肉有女人，速度是80迈，心情是自由自在，这感觉真嗨。我只说，路上小心一点。

不知道几点我被冬瓜电话叫醒，他说，快起来等日出。我迷迷糊糊地问，你到了？冬瓜说，你盯好了，快看，要升了，升了，升了。我问，男的，女的？冬瓜说，我说的日出啊！是不是比咱们那里快30秒？我沉默了好大一会儿，说，应该不止30秒吧，咱们这正下雨呢。

他们回来的那天中午，冬瓜跟我炫耀，那是18年前的一坛好酒，胜过我们爱过的一切酒精兑糖水，干了这一坛往后只字不提酒字。我记得好像菩萨跟至尊宝说过，你之所以没有变成孙悟空，那是因为你还没有遇见给你三颗痣的那个人。对于冬瓜来说，他遇见了给他三坛好酒的那个人，三四百公里，冬瓜带回来最好的礼物，叫女儿红。冬瓜分了我一碗，那酒清甜，我说，是水？冬瓜说，三碗不过冈。

我以为那是18年的烈酒，封存一个人的青春，一杯就倒，冬瓜酒量大，他喝了三坛，我问冬瓜，你为什么非要跟排骨在一起？

冬瓜说，如果你没有喜欢过一个人，你永远不知道，你向她奔跑过去的时候，有多开心。

我问排骨，你为什么傻笑哇?

排骨说，你看见远方有一个人向你奔跑过来，关键那个人属于你，你的嘴角情不自禁就会上扬。

我第一次知道，原来爱情是两个人互相奔向对方奔跑，笃定了这一点，一定会碰面，那碰面后会是一个大大的拥抱，这就是尘世里最俗气的爱。我从远方来，奔赴咱俩的约定，像是诸葛亮七擒孟获，像是赵子龙七进七出，总归是命数，缺一次都不行，所以我奔向你的是潮流大河，你奔向我的是大好河山，我们山水相逢，这就是爱的力量，我们温存待彼此，这就是情字，加在一起，这就是我们为什么在一起的理由。

冬瓜说，你羡慕不?

我说，我羡慕什么?

冬瓜说，郎才女貌，夫唱妇随。

我说，唯一值得我羡慕的是，天长地久。

冬瓜说，天尝地酒，那酒一定是女儿红，喝了她的女儿红，收了她18年的缺席，往后封坛，跟小娘子尽享花前月下。

4

　　我所生活的这二十几年的光景里，我知道什么是爱，是牵你小手看风、看树、看蚂蚁搬家，听燕子呢喃，看你笑。可惜，没有见过爱情，你见过吗？

　　我无法描摹什么叫爱情，有一个姑娘，她出现在我的生命里，她给我生"猴子"，对，第二年是猴年，我儿子会出生，应该是一个漂亮的双鱼座的天生自带浪漫特效的小公子。再过几十年，我也无法给他描摹什么叫爱情，是爸爸爱上妈妈吗？应该不是，那是婚姻。

　　婚姻是爱情的一种形式吗？我不知道，这是大多数人选择的生活方式。我记得在我生命里，有些人出现，她们给过我漏一拍心跳的感觉，那一瞬间仿佛是爱情，可是又不是，我娶了那个叠着衬衣想着从前的姑娘，往后我的脖子上还会骑着一个叫着我"爸比"的小怪物。

　　有人认为爱是性，是婚姻，是清晨六点的吻，是一堆孩子，是想触碰又收回手。我想，当我第一眼看见你，或你说借我半个肩膀还没还。我应该记得，那是清晨第一家早餐店开门，那是傍晚第一盏路灯亮起来，曾有 27 个月亮陪你入眠，应该有 30 个，一个叫新月，一个叫下雨天，一个叫我。

我想多年以后，牙齿开始漏风，走路开始蹒跚，有年轻人从身边经过说，真羡慕你们还这么恩爱，牵着手一起散步，一起等红绿灯，他们说，这就是爱情，真好。其实，这是生活，每一个人都会有奇奇怪怪、大同小异的故事，但是你遇见了她，她遇见了你，那感觉像冬瓜炖排骨，用上好的女儿红，那鲜味都在汤里呢，好好享受生活，它比追问爱情是什么更美好，相信我。

真正忘记爱情的相处，反而是最惬意、最舒服的，你对一个人好，你收获一个人的好，在时间长河里，应该会对等。从长远来说，没有永远的失去，走的人会在你身上留下香味；没有永远的得到，来的人会携满山花开，香气重新覆盖。你问，两种味道会不会博弈？会，你看，香奈儿够大牌不？韭菜盒子，有生活气息不？谁胜谁负，不清楚，自己去体会。

再后来，我跟奇奇一起喝酒，她笑着说，我们又和好了。

我说，我知道。

奇奇问，你怎么知道？

我笑着说，恋爱的女孩子身上有一道光，挂在脸上，方圆三公里通彻透明，深夜也能照成天明。

大同说，我要开始新恋情了！

我说，多定几个闹钟，多一次提醒，就不会睡过头。

大同笑笑说，每天叫醒我的，已经不需要闹钟了。

我问，是什么？

大同说，爱情。

冬瓜有了一个漂亮的小女儿，跟我炫耀说，他在院子里的桂花树下埋酒，跳上去踩踩土，心里真踏实。他说，你这辈子大概不会有这种福分了。

我说，我有一个儿子，来，亲家，我想跟你聊聊，多埋几瓶，我挺能喝酒的。

冬瓜笑着说，你滚！

秋刀鱼的滋味，猫跟你都想了解

1

我听说，人的身体永远不会撒谎，喜欢就靠近，讨厌就排斥。你看，当你身体缺糖的时候，就特别想来一杯白开水多加糖；当你没胃口的时候，来一顿麻辣火锅就可以轻易治愈。

所以，我们常听大人劝解：年轻的时候，有两件事千万别犯错，别走弯路，别爱错人。可是，你说，没走过弯路看风景，没爱错过人的青春，还可爱吗？

"那一年，我21岁，我有很多很多的奢望，我想爱，我想吃，我想怀揣地球仪穿行世界，我想跟你在一起，我想为你下厨房炒俩拿手小菜。可惜，我手中的绾正青丝，眼里的十里红妆，睡梦里的一晌贪欢，醒来的对酒当歌，最后全与你无关，那便是我一生最大的失败，最好的时间里，没跟最爱的你在一起。"

我清楚地记得，那天一南是哭着跟我说的这些话，她刚刚用一个巴掌结束了她三年的感情。

我安慰她说，把前任碎成18块，放点烤肉酱、青椒段、洋葱、可乐、白糖腌起来，冰冻上，过夜再过夜，48小时入味，拿签子三五成串，加瓣蒜解油腻，一串一串烤起来，拿他下酒，那感觉明月高悬一饮而尽，往事随它去吧。

一南是我大学同学，外国语学院的，那年国庆节，我在一家包子店打工的时候认识了她。她是一个挺努力挺懂事的姑娘，你想，十一是旅游回家的好假期，她却出来打临时工。

是的，我在一家卖灌汤包的包子店认识了这个姑娘，那不是一家纯卖包子的店，还有面、家常菜，夏天会有烧烤，店主是一个离婚带6岁孩子的女人。那时候，我坐在门口卖包子，一南在屋里端盘子上菜打扫卫生。特勤快的一个姑娘，是那种你多看一眼就想娶回家的那种，漂亮又贤惠。

下午 2 点以后，店里基本没有生意，会一直持续到 5 点左右，那个时候我们会坐在店门口的大伞下聊天，串晚上烧烤的肉串。我们居然在同一个文学社待过一年，我们居然在同一间教室上过同一门选修课，我们居然同时待在图书馆看过《小王子》，居然没有打过一次照面……

她问我，你有没有拿你所有的美好，就想好好照顾一个人？

我说，有吧！

一南家境还不错，家里开一个厂子，她妈妈不同意她和现在的男朋友交往，可是一南爱得不行，从大一刚入学军训那会儿就喜欢上了。那男生不过就是在军训结束的小晚会上唱了一首周杰伦的《七里香》，一南当时只是觉得那个男生好棒，应该好好跟他恋爱一场。别人主修外国语，一南主修遇见你。

只是那一瞬间被那一个侧面打动，可惜不是一个班的。

一南记得当时有一个女生上台给他送过花，还拥抱了他一下，当时心里还酸酸的。后来，一南在食堂吃饭会想他喜欢吃风味茄子、溜肉段吗？一南在图书馆会想他喜欢看川端康成、村上春树吗？一南在自习室会想他喜欢听 Beyond、陈奕迅吗？完了，一定是喜欢上他了。

有天在食堂，一南打了一份香煎秋刀鱼，然后坐在那男生对面，那男生抬起头看了看她，一南问，秋刀鱼的滋味，你跟猫想不想了解一下？

男生看看两边没人，突然扑哧一下笑了。男生说，我认识你，我经常看你们文学社的报纸。

那时候一南居然都没想过万一他有女朋友怎么办。

现在回想起那天的相识，很有夏天的感觉，出食堂门的时候一南突然牵起那个男生的手，那个男生没有拒绝。那时候，一南觉得自己胆子真大，也许她只是碰了一下男生的手，那个信号说我喜欢你。你看，人的身体永远不会撒谎，喜欢就靠近。然后那个男生抓住了她的手，然后是整个夏天的蝉鸣。

毕业这事吧，挺尴尬，他们俩都是独生子女，男生想回老家，一南想让他跟她回烟台。她家在烟台关系多，好找工作。

后来某天男生突然说，一南，我们分手吧。

一南说，你说什么，风大，我没听清。

男生说，我们分手吧！

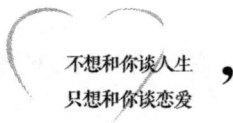

一南甩手就是一巴掌，男生没有捂脸，一南就说：你为什么不躲啊？

那天风确实挺大的，都把沙子刮一南眼睛里了，现在回想起来，那天的分手，那个男生没有拒绝，很有冬天的感觉。也许她只是扇了那男生一巴掌，那个信号说我讨厌你。你看，人的身体永远不会撒谎，讨厌就排斥。然后那个男生转身走了，然后是整个冬天的雪落。

你有没有尝试过在沙滩上，用沙子堆积一个城堡？对，那句分手，就像眼睁睁地看着你喜欢的人轻易摧毁了城堡，可是他曾说过，用沙子堆一座城，将来要娶你进门。

表白是她先张口，分手是他先张口，从一开始她就被动啊。其实那天，他们还聊过很多的事，只是一南不想说了。

2

"想起上一次恋爱，似乎已经很久很久了，那个时候还相信爱情可以拯救一切，是个傻乎乎的年纪，也似乎就在刚刚，我不过吃了一碗米线，还没来得及喝汤，他就走了。以前的时候，以为在一起的理由很多很多，后来才知道，分手，一个理由就够了。你说我所放弃的那一种人生，如果坚持那么一下下，是不是也有未来呢？"

那是毕业后，我跟一南第二次一起吃饭，她很忧伤地跟我说了一段话。那时候他们分手小半年了，一南回了烟台，在一家银行工作，她拒绝了一个喜欢她的男孩子，她差那么一点点儿就心动了，只是心里还有那一个人的位置。

我问，还有联系吗？

她说，嗯，最近一次联系是他过生日，我发了一条信息：生日快乐。发送失败了，他手机停机了，后来，我下楼去 24 小时便利店给他充上话费，然后发了一句生日快乐。他给我回过来电话，我没敢接，不知道说点什么。

我说，你怎么那么倔，喜欢就原谅啊！青春你不给你喜欢的人，难道剁碎了喂狗？要么你往前走拥抱新的幸福，要么你转身回去拥抱当时的甜蜜，别瞎撩人家，你说你发个生日快乐啥意思？

一南说，曾经为我们的爱情努力过、挣扎过、妥协过。我妈一直不同意，为此我跟我妈都吵过架，我妈说你觉得爱情最大，你先养活你自己再说吧。我妈就断了我生活费，我那么努力打工挣钱养活自己，就是想将来跟他在一起。记得有一次我在一家麻辣米线店打工，他就每天点一碗米线等我，那个时候都是临时工，他问我，你那么缺钱吗？我说嗯。他说，我养你好了。有时候觉得就是那些话让自己傻傻地坚持了那么久。

我说，以前我们都以为爱情是风花雪月，现在我们都知道爱情是柴米油盐。它不是两个人一拍即合咱俩处呗，它是突然开始有牵有挂，我们再也没法像当年那样奋不顾身地爱一个人了，我们都默默地学会了委曲求全照顾所有人的情绪，而辜负了自己的内心。

其实一南摇摆不定的是义无反顾地嫁给当年的少年，还是从现在开始跟男同事白头偕老。我们大多数人的爱情都很现实，都可能在最寂寞、最需要帮助的时候遇见一个知冷知热的人，那个人打败了你的爱情，用最普通的招数：对你好。可是，感情的世界里真的不缺好人，缺的是爱情啊。

最后我跟一南说，你才23啊，你可以试试，无论将来结果怎样，你都会感激这一段为了彼此拼命努力的日子。你也一定会披荆斩棘地成长，也许将来有一天你告诉我，结婚了，那个人是当年的那个他。

不过最后我想了很久，问了一南一个问题，那个人为你们的未来，努力过吗？

3

"我想跟你住在山冈，牧牛牧羊，挤奶薅羊毛做衣裳，我想跟你去往世上，囤肉囤粮，喝辣吃香走四方。"

那是我跟一南第三次一起吃饭，她跟我讲的一段话，最后我们在路边摊上喝得酩酊大醉，当时我问她，你后悔吗？

一南看着我说，你闻，这秋刀鱼烤得很带味，只是不知道初恋的香味还能不能寻得回？

我说，你去哇！

一南哭着说，为什么当初那么倔强，现在却又这么卑微？

我说，你看，其实你心存芥蒂的还是当初那一巴掌，你以为是你亲手把他推得越来越远，其实不是，那句分手就是你俩此生填不平的鸿沟。那条沟挖了很久很久，你分手的时候才发现，哇，这么深的沟，那是日积月累一铁锹一铁锹挖出来的，你一锹，他一锹。

一南说，可是，我偶尔还会想他。

我说，那大概是你心里的一股内疚，就像退潮的海水，退潮是需要时间的，我们不是一瞬间失去爱的，我们也不是一瞬间失去某一个人的，有时候我们把这一场告别，拉得特别长，特别长，这场告别叫作失恋专场，所有美好待价而沽，所有悲伤清仓大甩卖。

一南问，是不是青春里有些人的出现就是练手的？就像当年我们拿《五年高考三年模拟》练手，最后我们跨过那个经历，再也不会回头翻看。

我说，前提是不落榜。

一南突然哈哈大笑起来，说，我落榜了。

我说，我们往往错在了送分题上。

一南说，就算是同一道题，也会有几种不同解答的方式，记住答案了倒退推演，会不会轻松一点？怕就怕答案印象太深，而题目换了表述，我们在解题的路上越跑越偏。

其实，对于我们来说，失去是要经历一个仪式的，在那个仪式里，我们举杯先干为敬，然后时光在我们身上盖章，一个接一个，每一个人都要经过这一场洗礼。多年后，你被某个提醒击中，你看着盖在身上的章，笑笑，嗯，这个地方我路过，叫爱情。

一南终于变了一个人，她梳妆打扮，她谈笑风生。年轻的时候，你舍得情深，就要随时做好被辜负的准备，怎么说呢，贪睡就别辜负床，贪吃就别辜负胃，唯独贪爱常常被辜负心。

一定有一个人，抓住你的手，让你重新眉开眼笑。

4

"干了这杯喜酒，你祝我偕老到白头。"

那是跟一南第四次吃饭，在她的婚宴上，她说了这么一句。她穿着婚纱的样子真漂亮，闪闪发光，可能你遇见一个喜欢的人，你把一生交给他的时候，他身上的光芒全部都投在了你身上。

这世上，有两种秋刀鱼最好吃，一种是香煎，一种是跟爱的人一起，他把所有的鱼刺挑完，把鱼夹在你的盘里，微笑着看你。真羡慕一南，她吃过第二种秋刀鱼。

她斟满了一大杯酒，端起来，开心地告诉我：我结婚了。

我笑着说，你比从前更漂亮了。

她笑着说，被爱的姑娘都带着光环，闪闪发光。

我说，不是，你记得夏天的蝉吗？

她点点头，嗯。

我说，你蜕了壳，长出了翅膀。

那时候，我深刻理解了一句话：爱对了一个人，等于做对了大部
分的事情。可是爱对这个人之前，我们大概会很长一段时间在一个
错的人身上吧，有时候我们还差点以为那个人就是对的人。

没事，年轻嘛，弯路还是要走的，多走一米就有一米的风景。

反正长大后我们都会原谅和感激从前的自己，像是午后阳光下，
谅解一个打翻花盆的姑娘，斟酌一杯小烧刀无非一场宿醉过期不会。
能吃能睡还能笑，那么一切才刚刚开始，忘记爱情只是用心去爱，
忘记承诺只是用心去做，忘记自己只是用心去生活，真羡慕你，年
纪轻轻，还敢奋不顾身爱一个人。

　　年轻的时候，没有哪一种结束是真的结束，所谓结束，都是开始。只是结束和开始之间，有一个仪式，很心疼，蜕变嘛，哪有不疼的，忍一忍。

告诉我，爱的前面是什么形容词？

1

现在，我想问你一个问题，你的爱前面是什么形容词？你仔细考虑一下，不用急于回答我，要不先听我讲一个故事？

我问过一个关系很好的女性朋友，那时候，她准备结婚，听完我的问题，她愣了很大一会儿，盯着窗外，后来冒出来一句：反正谈了那么久了该结婚了。

我问，什么叫该结婚了？难道不是因为爱情吗？

她反问我，这个世界上还有爱情吗？你对我好，我对你好，咱俩聊得来，那就处处呗，我又不是那种掉进爱情电影里出不来的姑娘，我要那么轰轰烈烈的爱情干吗？

从什么时候开始，我们害怕孤独，开始找人搭伙过日子；我们害怕饥饿，开始把冰箱囤满青菜、肉、鲜奶、速冻水饺；我们害怕分离，开始假装跟谁都不合群。天知道，我们为什么这么去爱，天知道，爱的前面到底是个什么鬼形容词。是的，我们变得越来越不可爱了。

那天姑娘说，其实走到婚姻啊，跟了谁都差不多。你说你愿意嫁给吴彦祖还是郭德纲？倒是喜欢老郭多一点，一辈子应该挺开心的，把日子过成段子。感情的事儿，是内衣，贴身舒服最重要，不是外衣，到处显摆，还要御寒。

我记得以前她倔强而霸气。有天，她发现她老公居然有微信小号。她假装不知道，只在她的朋友圈，发了一条跟她老公小号里一模一样的段子，她老公居然点赞了。

我问，你为什么要委曲求全？

姑娘说，我结婚了，他是我老公，他犯点错，但罪不至死，我要过日子，我去跟他吵架，吵得天翻地覆，我能得到什么？别傻了，谈恋爱才追求爱情，婚姻追求的都是安稳的日子，恋爱是有情饮水饱，婚姻是巧妇无米难下炊。婚姻是要用来经营的，姑娘要学会装点傻，给自己的男人一点台阶下，能动手的时候尽量别吵吵。

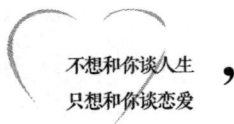

那天她老公回家，姑娘拿着一把菜刀站在她老公面前，一脸的严肃，她老公吓得一下子跪在了门口的红毯上，就说，老婆，我错了，那都是结婚以前的事。姑娘扶起她老公说，你咋地了，老公？我就是想问问你，土豆你想吃片呢还是丝呢？

我佩服她的勇敢，钱锺书说过婚姻就是围城，城外的人想冲进来，城里人想冲出去。我喜欢她的勇敢，明知道婚姻的无趣，她还选择开始，该是知道如何对抗这种无趣。

我听说，大多数的爱情，就是一个妥协的过程，因为对一个人寄予太多的期许，所以开始慢慢地妥协，慢慢地开始习惯一个人的所有小毛病，什么睡觉打呼噜、吃饭吧唧嘴，不是忍耐的底线越来越低了，而是给一个人的爱越来越多了。

我们所熟知的老一辈的婚姻都是如此，慢慢地在平淡中，把幸福经历。可是，我们年轻，我们还想挣扎，还想要轰轰烈烈，一开始意气风发，最后熟知现实的无奈，早晚认输，输一点不丢人，不幸福才是悲哀的。而考核幸福的标准，不是别人眼里的荣华富贵，而是自己亲身体会的一针一线、一粥一饭。

我问那姑娘，现在的一切，还是你当初想要的吗？

2

沈南晴说，她的爱前面的形容词应该是原谅。喜欢又能怎么样，分开以后，再也不会替你祈祷了，你的事与我无关。可是，我认识的沈南晴，从大学开始，爱过长长的四年。

我现在清楚地记得，沈南晴告诉我，那年十一，他们一起回男生的老家，火车上丢了钱包，他们只买了一碗泡面，要熬过十几个小时，面泡好，男生说，我去抽支烟。男生那一支烟抽了很久很久，他以为沈南晴已经吃饱了，可是他回到座位上，居然还剩下了大半碗面。

沈南晴说，那是她这一辈子吃过的最好吃的一碗面，往后再也没有吃到过，因为他们分手了。分手的那天晚上，她拖着大大的行李箱，走出他们的出租房，他没有像往常一样追出来，她知道，一切都完了。她在24小时便利店，自己买了一个桶面。她问店员，有热水吗？

想想以前，她居然没有亲手泡过一碗面。她坐在长排桌子前，玻璃窗上的脸居然有点陌生，她不知道这几年自己居然变成了这个样子。那天深夜，她给我打电话，我问她，在哪里？她笑着说，我要回家了。

那天，沈南晴买了连夜回家的车票，可惜，那天月太明，我们在路边摊陪她等车，她执意要喝点儿酒，我点了她爱吃的烤板筋和酸辣土豆丝，有些月光投在沈南晴的身上，她问我，你猜，那另一半月光也落在了他身上吗？

我说，谁啊？

沈南晴说，没事。

我问，咋的了？

沈南晴说，你看暮色里，那一对情侣拥抱亲热，想起以前我也挽过一个人的胳膊，那时夕阳西下有枯藤和乌鸦，日子如诗十四行，行行平仄有押韵，现在想想挺傻的，那一瞬间，我居然想过长相厮守。

我问，谁啊？

沈南晴说，你不记得他了吗？他几乎占据了我大半个生命啊！

我说，咋的了？

沈南晴说，我居然傻傻地爱了他那么长的一段时间。

我问，谁啊？

沈南晴说，我一天吃了 10 桶泡面，都没有找回爱情的那个味儿。

我说，往后再记起你，你谁啊！

沈南晴问，咋的了？

我说，春天种树，秋天扫叶，那一树一树的花开，那一阵一阵的花香。你去看山冈上一轮明月，你去看河海里那一尾游鱼，你看世界依然那么好，值得你继续往前走。你该庆幸原谅，他过得好不好，你一无所知，而你活得逍遥自在，那多好。你独活，这个世界也没欺负你呀，多幸运。

沈南晴问，谁啊？

我们明明该笑，因为不是所有人有这个勇气去结束，可是沈南晴还是哭了。那眼泪多数是给那个青涩的自己，告别是疼痛的，是剥离的疼，每往前一步，都会撕扯的疼，这就是成长吧！

我们都疼过，只是时间长短的区别，早疼早成长。你问，我们是不是该原谅那些成长路上的伤害，因为伤害让我们变得强大。才不是呢，伤害就是伤害，我们凭什么原谅它，它伤我们的时候，那是真伤，是因为它看扁我们，不知道有一天我们也会强大到它不敢欺负的地步。

我说，你信不信，时光就是把美好一件一件摧毁给我们看，让你知道了生活的残酷，你还有勇气去迎接，那种无畏，是时光给的礼物。

沈南晴问，这礼物能不能不签收？

我说，没得选择。

沈南晴问，签收了，能不能不打开？

我说，没得选择。

有时候，在一段爱里，我们必须学会接受，而不是拒绝，拒绝是逃避，而逃避是不能解决问题的。别人对你说了分手，你死缠着，不愿接受现实，你觉得爱得卑微就会挽回一切。你把问题团成团藏起来，企图用爱本身感化，太天真，那叫逃避，不是接受，接受是你认清，这段爱终究会离你而去，你挥手告别错的，才会和对的相逢。

沈南晴坐上车的时候，朝我挥手，我隔着车窗玻璃告诉她，坚强点，我们失去的一定会亲手夺回来。

3

我想问你一个问题，你的爱前面是什么形容词？

微信里一个姑娘说，柒叔，你为什么会问我这个问题？

我说，想起几个月前，你讲给我的故事。那时你说，你爱上一个男生，可惜他有女朋友了。当时我还告诉你，年轻的姑娘喜欢一个人，就像突然走进了自助餐厅，总想扶墙进扶墙出，却从来没有想过你到底想要吃的是什么。你爱极了那慕斯小蛋糕，爱极了那鲜榨果汁，爱极了那香焗大虾，爱极了那培根烤肉卷，爱极了扇贝粉丝，爱极了小炒肉大酱汤，可惜，你的胃和心都很小。

姑娘说，对，那份爱前面的形容词应该是克制。我们离得最近的距离是第二杯半价，比萨 7 折，情侣套餐买一赠一。大概是嘴里塞了太多好吃的，没有腾出空说一句，我喜欢你。

我说，现在呢？

姑娘说，你知道一人一半吗？

我问，那是什么？

姑娘笑着说，一家海鲜自助餐厅的招牌菜啊，必须两个人一起吃，所有的菜都是一人一半，你不用担心吃不饱，你对面坐着最喜欢的人，那便是秀色可餐。

我说，所以说，你恋爱了？

姑娘说，嗯，我们还吃过最奇葩的菜，生菜沙拉拌西红柿，居然叫一生一柿啊！

我说，真好，云朵走了，树叶跌倒了，你在午后的窗前打盹儿，对，是那一阵风，它也是刚路过，你醒来，跟它的尾巴打招呼。上一局棋逢对手，你没说话，但愿下一局，他先张口，希望沿途有你。你指着远处天边的那一朵云说，应该有雨啊，我有一把伞，一起走喽？

姑娘笑着说，我用什么形式获得的爱情，这爱情也会以什么形式弃我而去，所以，我站在很远的地方，祝那个男生幸福，我知道，我也会遇见像那个姑娘一样幸福的爱情，一个萝卜一个坑。我拔了别人家的萝卜，别人家的猪也会拱我的白菜，所以，我不手贱，我想要的，自己去找。

我说，你真幸运。

姑娘说，应该是，善良的人都很幸运。

嗯，善良的人都很幸运。

这世上爱有千百万种，我们初入这片圣地，看见别人手里捧着一份爱，以为那是我要的，我一边走一边想要不要伸手去抢，走着走着，才发现，原来这里风景真不错，那里也不错。我走着走着，知道了自己想要的是什么，于是我也得到了一份爱。回头想，原来在爱的面前，人人有份。

我想起一只掰玉米的小熊，它刚走进一片玉米地，觉得这玉米又大又香，掰一个，又往前走，觉得这的玉米又大又香，掰一个，一边走一边掰玉米，直到最后它走出了玉米地，才发现一个玉米都没有。

我想起一些去沙滩捡贝壳的人，有的人，总觉得还有更好的贝壳，一直走一直走，没有捡到一个满意的贝壳。而有的人，捡到了一个漂亮的贝壳，再也没有去过那片沙滩。我猜，你一定见过那片玉米地，你也一定见过那片沙滩。

4

想起一句话：我只有一根烟了，可还要撑一夜。我只有一点爱了，可还要过一生。下楼去 24 小时便利店，就能买一包烟，可是，你说，哪里有充值爱的地方？

如果这世上有一个地方可以充值爱，我猜，一定是 24 小时营业，因为有太多太多的人排着队，等着充值呢。

我们到底想要一份怎样的爱？勇敢的，原谅的，克制的，嗯，我们都趁年轻的时候经历过。那时候，星空在，大地在，姑娘在，抬起头，多等一会儿，就会碰到可以许愿的流星呢，你还想要怎样的未来？

这些年，我穿过太多黑夜，胡子刮了一茬又一茬，眼角的鱼尾纹一条又一条，不知道要什么爱，只是觉得身边还是当年爱过的姑娘，百看不厌，就过得踏实。

我们常常听姑娘这样的问话：如果有一天，我老了，变丑了，你还会像以前一样爱我吗？好像男人不变老，不会秃顶一样。

其实一个姑娘一生最喜欢 8 个字：行、美、我爱你、买买买。所以，把爱的主动权握在自己手里，等老了，炒两个拿手小菜，小酒温热，那蹲在门口的老小孩一定闻着味儿回家。你要让他记住这个味儿，从年轻到年老，请记得，一定要记得，土豆片，熬得烂糊点，老头没牙。

无论现在你在哪里，仰望星空，大地在，爱在，愿一生平安喜乐，平凡踏实，那该是我积的福分，希望你的爱也如此。

管住嘴迈开腿，前任是个什么鬼？

1

微信上有一个读者问我，柒叔，我失恋了，可是我忘不掉前任，怎么办？我说，送你6个字：管住嘴，迈开腿。她问，你是告诉我要减肥吗？我说，我的意思是嘴别犯贱去挽留，迈开腿往前走，你要的幸福就在下一个拐角，不要因为惋惜掉在地上的肉夹馍，而错过了下一个路口的糖炒栗子、炸串和鸡蛋灌饼，告别错的才会和对的相逢。

我忘记是谁说过，深情从来被辜负，只有薄情才被时时念起。

其实，你想多了，没有忘不掉的前任。

我有整整10年的烟龄，长度一点不比一场恋爱短，而且我是重度烟草依赖征，现在我戒烟了，据说科学数据显示戒烟的成功率只

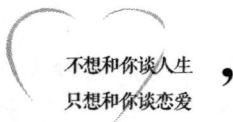

有 3%，但是我想试试，我只是希望我儿子出生的时候不是顶着烟圈，他应该有他的主角光环。

烟瘾也好，爱情上瘾也好，都是一种习惯。烟瘾是手指夹根烟，爱情是习惯身边站一个人，都是身体出现了一种依赖。我们缺乏一种安全感，才会找一个物件来填充。

那些所谓的戒不掉，只是你付出的代价不够大，没有改不掉的习惯，只是看你是否愿意。我愿意为了我的儿子戒掉 10 年的烟瘾，你就不愿意心疼自己一下忘掉前任？忘不掉前任，那是你还不愿给自己一条活路而已，你什么时候放了自己，那才算是一段感情完完全全地结束。电影放完了，还要跑三五分钟的字幕花絮呢，何况你深爱过一个人。

所以，慢慢来，不急，也许往后你会记起那个人，心疼了一下下，但是你一笑了之。低头玩手机，谁没撞过树，吃了多年豆腐，谁没尝过渣，时间能磨平的伤交给时间，阿司匹林能治愈的痛交给阿司匹林，让海鸥回到海平面以上，让小面、串串、肉皮冻回到桌前，让你回到一个人，你一定有一件比恋爱更重要的事要迫不及待去做。

那时候，有人说你，你当年爱那个人，爱得好倔强。

你恍惚了一下，哦，谁?

2

我想起以前一个学姐，那个时候大伙都叫她琳姐，她是那种明明可以靠脸吃饭偏偏有颜、任性、靠才华吃饭的那种姑娘，她男朋友是我们系学生会副主席，两人特般配养眼，是我们系的恋爱榜样。

我认识她是在大一迎新晚会上，我现在很清晰地记得那天她唱的一首张惠妹的《如果你也听说》，那天晚会结束，我们在商业街上喝酒，她男朋友点了一份麻辣小龙虾，一只一只剥给她吃。我们喝到深夜，忘记是谁提议去爬荒山看日出，想想那个时候胆儿真大，那天还是一个特殊的日子，琳姐生日。

往后算是成为朋友，她推荐我进了校广播站。那年夏天，我再见到她，她说，她要去实习了。我很疑惑地问她，你不是答应留校了吗?她问我，有时间吗?一起喝酒啊!我说好。我们还是在商业街的烧烤摊上，她问我，你会介意你女朋友有很好的异性朋友吗?我说，不介意。她说，你心真大呀。

我点的麻辣小龙虾刚好上桌，琳姐盯着小龙虾说，我失恋了。

我说，你别闹，顽皮。

她很严肃地跟我说，真的，上周的事。

我说，一定有误会，他一定不是你想的那个样子。小学妹围着他正常啊，你应该习惯了啊，一年一拨儿。他是学生会副主席，他有职责替同学解决问题。

她说，感情问题，也算吗？

我说，恋爱嘛，总归是要给对方留点空间的。

她说，你知道吗？如果你太爱一个人，那个人就不会太爱你。他知道你舍不得离开，他却可以随时撤退。没结婚以前，所有的恋爱说撤就撤，管你阵地还在不在，结了婚再分开，才会考虑代价。

我说，所以，你要离开。

她说，累了，以前总担心他会走，现在不用了，我先走了。以前的时候爱一个人，你敢与全世界为敌，后来，长大了才发现，你敢与全宇宙为敌，包括你自己。

那天她剥小龙虾被扎破了手，后来我去药店给她买创可贴，我问，吃了那么多年小龙虾，怎么还能扎破手，好奇怪。

她说，以前我从来没有自己剥过壳，说完她转过头就哭了。

我问是不是疼？

她说，嗯，心疼。

我想起晚会那天，她男朋友给她剥壳的画面。我认识的那个她不会削苹果，不会扒榴梿壳，不会剥小龙虾，她一点都不娇气，她只是习惯了一个人爱她的方式。

琳姐走得干脆彻底，我把车次告诉她男朋友，多年后，我知道他没去送琳姐。这世间有两件事挺难的：爬上倒向你的墙，吻决意要离开的姑娘。

后来琳姐说，她没有离开，选择了在这个城市留下来，然后开始做一个懂事的姑娘，努力工作、好好上班、好好挣钱。当你失去爱情以后，你才会发现钱真好，它不会背叛你。你开心了它陪你开心，它会变成哈根达斯、炸鸡和啤酒；你不开心的时候它陪你开心，它会变成高跟鞋、水煮鱼和小龙虾。那段时间心有不甘，每动一次念头想他，就打次车去他们家楼下坐坐，每动一次念头想他，就打次车去他们家楼下坐坐，过了一段动次打次、动次打次的日子。

我问，后来呢？

琳姐说，我背上背包开始旅行了。

3

以前的我也想像你们一样，出去走走，去看看外面的世界。我不喜欢到此一游的拍照，更想尝尝北京的烤鸭，四川的火锅，云南的米线，黑龙江的杀猪菜，长春的酱肉，新疆的烤包子、羊肉串，宁夏的烩羊杂碎，青海的手抓牛肉，兰州拉面，陕西羊肉泡馍，河间驴肉火烧，武汉热干面辣鸭头，湖南香辣虾，天津大麻花，上海灌汤包，以及去大多数人梦想的西藏，喝一杯青稞酒，一碗酥油茶，一碗藏面，再去鼓浪屿喝一杯奶茶。

多年后，琳姐成为一个背包客，她路过青岛就会给我讲她一路的故事。她说，世界那么大，你应该多出去走走，走在路上，你才知道自己想要的是什么。我年轻的时候以为爱情是我的全部，当我走在路上才发现，那只是我一生中最微不足道的一部分，以前奋不顾身地喜欢一个人，现在死心塌地地喜欢一个人，一个人走走停停无牵无挂，吃饱喝足，抬脚就走进了下一个你想要的世界。

我笑着回答她，青岛那么大，我都没有好好看看，就不走马观花地看世界了。

琳姐说，一个人不能眼界太窄，你走出去才知道棚子外是大千世界，有风有雨，你躲在棚子里那是逃避。我们过惯了平淡的生活，丢了野心，偏偏暗示自己平平淡淡才是真。你说多可悲？

我说，我怕这世界诱惑太多，自制力不行。

琳姐说，那只能说明，你内心不够深爱。你爱阳光光芒四射，为什么涂抹防晒霜？你爱细雨绵绵，为什么撑一把伞？嘴上爱来终觉浅。

琳姐那句不够深爱，像是一根针，扎着真疼，我们爱到最后散了，怪这一路磨难太多，偏偏不提我们爱得不够深。你回头看，你为什么会离开一段感情？不够坚持，准备好了台阶的爱情，为什么还要那么拼？不如好聚好散，所以最后散了。

往后分手，别怪门不当户不对，别怪世俗偏见，别怪性格不合，不爱了就是不爱了，编理由也挺为难的。当初在一起是铁了心，最后分开也是铁了心，怪只怪我们的爱情最后败给了嘴上热爱。

4

其实那年夏天还发生过两件事，是杰哥告诉我的。杰哥去车站了，他没有见琳姐，但是他买了同一个车次的票，他知道琳姐留下来了。

他没有道歉没有挽回，我很不理解，我不知道尊严在爱情面前，有什么用。你们口口声声说喜欢夏天，可是你不喝酒不撸串，你对得起人家夏天吗？

后来某天深夜我接到杰哥的电话，然后我就去了。琳姐喝大了，她给杰哥打电话了，哭得稀里哗啦，杰哥就去照顾她，拿热毛巾给她擦脸擦手，哄琳姐睡下。我们在琳姐家客厅聊到 5 点多，然后杰哥走了，他交代我，等琳姐醒来，别告诉她他来过，再把灶上的小米粥热热。

我记得那天，我问过杰哥，明明爱着为什么不挽回？

杰哥说，你觉得爱情最重要的是什么？在一起？其实我们都错了，是成全。你成全我的梦想，我成全你的自由，可惜我们多数人都想要爱情，但多数人的爱情和婚姻又不会给同一个人。多年后，你敢摸着自己的胸口说，我结婚了，因为爱情吗？你不敢，婚姻跟爱情无关，跟责任有关。你觉得一个姑娘跟你那么多年，你娶了她，是因为你有责任心，姑娘也最好感恩你，你们是无比有责任、有担当的一对，这就是现实。你会变得越来越懂事，你说，爱情呢，早没了。

杰哥说，我将来会去山区支教，可她是一只喜欢花花世界的小鸟。我感谢那个幸运的时光，跟自己喜欢的姑娘一起度过，那便是往生最美的。当你喜欢一匹野马，你家里没有草原，你就知道什么叫爱情了。她可以来我的马厩，但是，那不是我想要的那个她，我也可以跟她红尘做伴策马奔腾活得潇潇洒洒，但是，那不是我想要的人生。

杰哥说，19 岁的一天和 24 岁的一天，长度是一样的吗？

后来，琳姐醒来，她很疑惑地看着我，然后说，你一直都在？

我说，嗯，你起来喝点热乎的小米粥，我要回学校了。

她说，哦，感觉他来过。我昨晚给你打的电话？她一边说着一边去看手机，而实际上她手机里的通话记录已经被杰哥删掉了。

你说多奇怪，好好的两个人，明明相爱，明明放不下，非得作死。那天早上我迎着阳光走去，想起以前看过一次日出，认识琳姐和杰哥的那个晚会，我们在荒山上看日出，我记得有人说过一生一世，那个山谷应该也记得，我记得山谷的回应，我也爱你一生一世，一生一世，世。

5

后来我问琳姐，还记得他吗？

琳姐说，早忘了。

我说，我还没有说谁呢。

我想起多年前，琳姐站在舞台上唱歌，"如果你也听说，有没有想过我，想普通交朋友，还是你依然会心疼我，好多好多的话想对你说。悬着一颗心没着落，要怎么负荷，舍不得又无可奈何。如果你也听说，会不会相信我，对流言会附和，还是你知道我还是我。跌跌撞撞才明白了许多，懂我的人就你一个，想到你想起我，胸口依然温热。"

那时的她，利索地剥小龙虾的壳，手法娴熟，这些年应该没少吃呀，她终于学会自己剥小龙虾了。我满上一杯酒说，愿你的旅途有你想要的风景，据说这个地方不错，你要不要去看看？听说那里日出很美。那小纸条上写着杰哥支教的学校地址。

琳姐问，为什么推荐这个地方？

我说，姐，我问一件事，19岁的一天和28岁的一天，长度是一样的吗？

琳姐问，什么意思？

我说，就是生命里两个微不足道的一天，你觉得他们的长度是一样的吗？

琳姐想了很久，笑了笑，说，对我而言，28岁的那一天比19岁的那一天要长很多很多。

我问，为什么？

琳姐说，人是需要花时间去明白一件事的，你经历了就知道了。初次遇见，日子过得真快，一晃到傍晚。你绕世界一圈，你经历滚滚红尘各种诱惑，才知道那个人真好，那心静，时光静止。那不过是生命里最简单的两天，可长度是不一样的，因为你关于爱的认知，不一样。

我说，其实对于他而言，24 岁的那一天，更长。

琳姐问，他是谁？

我笑着说，你早忘了。

琳姐笑了笑说，怎么可能那么容易忘记。

我还听过一个故事，19 岁的时候，遇见你，那一天的长度好像一生，可是，24 岁的时候，分手那天好奇怪，没有白昼没有黑夜，是生命里最长的一天，期待天快快黑，可是黑掉了，又期待快快白起来了。后来明白，你一定有一件比恋爱更重要的事要迫不及待去做，那件小事叫作找自己，你要找那个坚定去爱的自己。

28 岁，你看过了世界，我还在原地等你，你要是回来，那就一起喽，反正缺个伴。28 岁，真巧，又遇见了你，那一天的长度好像一世，你还走不走？你背对着阳光，站在那里，微笑着说，不走了。

我跟旧人道歉，我待新人如初恋

1

有比爱情煎熬更惨的事吗？还真有，煎糊了。

我听说，你成全了别人的碧海蓝天，就是给自己空出一条通天大路，你尝过了蜜汁烤翅，就是给自己加一双向更多幸福的地方飞去的翅膀。

我猜，你年轻的时候一定也傻过，我就有这么一个很傻、很傻的二姐，她在她们女生宿舍排行老二，当然她的性格更二。她喜欢喝酒，但是沾酒就多，酒一多就爱唱歌，在大马路上唱《好汉歌》左手拎着啤酒一瓶，摇摇晃晃，嘴里哼着：大河向东流，天上的星星参北斗。

她比我们同龄人大两岁，她开始恋情也比较早，就在我们还沉浸

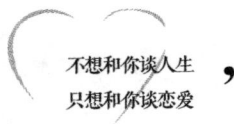

在喜欢啊，情书啊这种慢节奏的暧昧里的时候，她早已经将自己喜欢的人斩于石榴裙下。我挺佩服她大大咧咧的样子，从来没有不开心的样子。

我跟她以前没那么熟，我只是喜欢她们宿舍的老三而已。

2005 年 1 月艺考，我们从济南铁道职业学院出来。那天下午，她们提议要吃火锅，于是所有人突然在那一刻，化身羊肉片、鱼豆腐、甜不辣、撒尿牛丸、茼蒿、娃娃菜、海带、午餐肉、宽粉，因为一锅咕嘟咕嘟沸腾冒泡的水开始相亲相爱了。

我们一大群人吃完火锅，一路唱着歌走回了艺考集训中心，那天晚上风挺大，还有雪。我去 24 小时便利店给老三买果冻布丁和棒棒糖，那时候老三会在楼下的乒乓球室背稿子，如果太冷大伙就打乒乓球热身。那时候老三告诉我，她的梦想是考云南艺术学院。

那天晚上，二姐喝多了，他男朋友半夜给她泡方便面。想起二姐最喜欢吃那种台湾烤肠，她男朋友叫醒我，然后我们去很远的 24 小时便利店买，来回会走两里地左右，回来的路上，他问我，你跟老三怎么打算的？

那时候第一次爱一个人，哪想那么多，她眉眼一笑你就开心一整天，她眉头一皱你就要想好多好多的笑话逗她。路过便利店会记得给她买棒棒糖、果冻布丁，就连梦里她都随处可栖，那时候想得最多的大概只有明天早上给她买胡辣汤还是甜沫。

实话讲，我不知道该怎么去爱一个姑娘，我只知道对她好，她要的，我都给她，只要我有。我以为这样的爱，会永远在一起，要不还能怎样？我那时候哪知道谈恋爱居然还有分手这玩意儿，不是说爱一个人都是一辈子的事儿吗？

艺考结束的那天晚上，我们一起喝酒，我们聊梦想、聊爱情。二姐说，我从来没有想过没有他的未来应该怎么过，大概只有一个词：难过。还有一个成语：得过且过。那时她男朋友紧紧握着她的手，二姐两眼放光，她觉得她的爱情就是抹了蜂蜜的面包，那时候，我真的以为爱一个人是要一辈子的，那可是初恋哪！

后来，才知道，躲得过深夜无人问津的雨，躲得过骄阳滚烫的天，躲得过月月水星逆行，可你是我生命里的十五，躲得过初一躲不过十五。胡同小巷那么多人，为什么偏偏喜欢你，小吃街十八道小菜，烤面筋、臭豆腐、卤煮火烧、肠粉铁板烧、章鱼小丸子，为什么偏偏独爱一品生煎配着醋辣酱，若不是深爱，为什么张口就是许一生。

我问，老三，你想过我们的以后吗？

老三说，你想过我们以后会分开吗？

我说，我唯一想到的结果就是娶你。

老三笑着说，你都没有问过我，愿不愿意嫁给你。

我问，你愿意嫁给我吗？

老三说，我想想。

她想的时间还挺长，长到有 10 年那么长，长到她想好了嫁给别人，都没有想好要不要嫁给我，我没有听到准确的答案。但是我确实知道了一件事，原来爱情里真的有"分开"这个词，我是有多傻，相信了初恋会是一辈子这件事。

总之，我们最后分开了，我相信的，我不相信的，都在爱情里发生了，没有任何理由，就那么分开了，可是你没说再见，所以我就一直以为，那叫离开，对，什么叫离开，就是你随时都会回来，所以我一直等。

等一等，总会有结果，嗯，我等到了她结婚的消息。

2

后来，我才知道，我跟二姐没什么不同，跟那些爱情里一开始就主动的人没什么不同。初恋大概有 100 分，早知道，每天少爱一点，你说会不会就会久一点？可惜，那个时候，我知道，我爱的是你，我没有退路。

对，一开始，是二姐追的她男朋友，所以，后来二姐分手的时候，她没哭，她站在学校大门口跟我说，我们去吃榴梿酥。在盛满榴梿酥的甜点店里，二姐大口大口地塞榴梿酥，然后眼泪大颗大颗地掉，我说，你哭了？

她一边咽着榴梿酥一边说，你尝尝，好吃到哭。

我也大口大口地塞在嘴里，塞到呼吸困难那种，然后眼泪哗哗的，二姐问，是不是好吃到哭？

我拼命地点头，原来当你哽咽的时候，嘴里有食物你是哭不出声的，原来当你难过掉眼泪的时候，天空下雨你是看不见眼泪的，原来当你爱上一个人的时候，她转身走的时候心真的会疼，抽搐的那种，像是岔气。

想起那个调皮的二姐，想起济南那个冬天的午后，想起在一个水果摊前，二姐问她男朋友，在我和榴梿之间，你到底选谁？

她男朋友说，宁愿选择榴梿不放手，等到风景都看透，也许你会陪我吃得口水长流。

想起以前我们白天走在经十路上，晚上喝小烧刀，你说，空气里都是榴梿的味道。火车穿过高架桥，我们懒洋洋地一步一步走着，我说我爱这个城市，不止路边摊牛肉拉面一碗，不止山上白雪一堆，而是那些我叫不上名字的站点，叫不上名字的早餐摊，你都在我身边。

二姐说，那年济南满天黄沙，都没弄丢彼此，偏偏在艳阳天里，你看着他一步一步走远。

我还记得高考结束的那天，我们四个人一起吃饭喝酒，我们说过要一起报考同一所大学，要一直一直做好朋友，好到以后结婚住对门的那种，我记得那天，我们发过誓呢，我们还说有空一起吃饭呢。可惜最后，我跟二姐一起失恋了，我们在甜品店吃榴梿酥，吃那种好吃到哭的榴梿酥。

后来，才知道，怕你雨夜无伞穿行，怕你烈日无防晒霜遮挡，怕你水逆无转运手环佩戴，却不怕最后跟你只是碰了一个面，还是一碗牛肉盖头的面。我只记得当时高考答案才计较对错，我爱你，ABCD，都是最佳答案，我敢尝试所有跟你在一起的方式，哪怕最后天各一方，祝你幸福。

二姐说，以后天各一方的路口还有很多，早分开也好，不然总担心他要走。

想想也对，高考，大学，大学毕业，然后工作，结婚生子，人生的岔路口太多了，我们不过在一个叫高考的路口碰见，恰好在对方的身上看见一种叫爱的东西，因为好奇，所以靠近。

我问二姐，失恋怎么办？

二姐说，没事儿，就像你丢了一个东西，时间长了就习惯了，就不会在意它存不存在了，它丢了，你会不会担心它在一个陌生的地方受委屈？不会的，总有好心人收留它。就像你丢了钱包，一开始你会懊恼难过，那里面还有钱，其实，当你知道，你再也找不回来的时候，你就不难过了。人生的丢失，不过就是一个认命的过程，往后的路还长，我们丢的东西会更多。

我说，二姐你讲得真有道理，可是，我就是难过，怎么办？

二姐递给我一个榴梿酥说，接着吃。

　　然后我们俩接着吃，接着吃，说实话，我在吃榴梿酥的过程中，真的没有去想我失恋好痛苦，我只觉得榴梿的味道好怪、好怪。

　　二姐吃着吃着，又哭了。

　　我问，你怎么哭了？

　　二姐说，我也不知道为什么眼泪就是控制不住，就是控制不住难过。

　　我说，我们会难过多久呢？

　　二姐说，应该好久吧？

　　我说，好久是多久？

　　二姐说，就是当你提及这个人的名字，你不再有期待，不再心动，不再莫名紧张。

　　我说，早知道，我就不去喜欢了，原来喜欢是一件这么麻烦的事。

　　喜欢，有时候也不是这么麻烦，如果最后在一起的话，应该会更麻烦，还要一起生小孩，一起给小孩取名字。原来分开也挺好，我把对你的所有期待放在了昨天，从此，你教会我的，我都会善待新人，你别怪我，我对新人也曾那般好，因为你不在我明天的期待里。

3

2015 年，我因为出差去北京，路过济南站，上来一个姑娘，她坐在我旁边，我觉得她有点面熟，但是我怕搭讪的话有点老套：我们是不是在哪儿见过？终究还是没有张口。

她说，我好像认识你？

我尝试说，我也好像认识你？

我们对视笑了笑，她说，你怎么留起了胡须？

我说，你瘦了好多。

二姐变化真的很大，现在她是一个瑜伽老师，比以前瘦了很多。我记得以前二姐至少 120 斤吧，现在她是两个孩子的妈妈，她告诉我，遇见谁跟谁在一起，大概命里都有安排吧。有些人就是用来陪你过家家，有些人就是用来陪你成家。你永远不知道，会在什么时间遇见他，那便是最好的时光。

我说，嗯。

二姐的老公真的是一个盖世英雄，那天他踏着七彩祥云来接她，对，就是那种一大堆、一大堆的七彩氢气球。那天他在帮助公益义

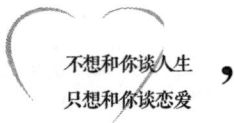

卖，他骑着车一不小心就撞进了二姐的生活里。二姐当时被撞倒了，理论上没啥事，但是那男的死活要带二姐去医院看看，然后互留联系方式，平时聊个天，谁知道，那是爱情啊！

后来二姐问，跟老三还有联系吗？

我说，听说她结婚了。

一个"听说"，那该是世界上最遥远的距离，往前推是10年，往后推是再也不见。以前爱你如生命，后来你走后才知道，还是可以独活，看来命硬。余生还能照面会问你别来无恙，只是，好久不见这一句话再也说不出口，怕一张嘴，翻涌的是嚼碎再嚼碎的回忆，最后嚼到无味。

二姐问，结婚了吗？

我说，还没。

二姐问，有喜欢的人吗？

我说，有。

二姐说，年轻的时候，遇见的都是盛装出席，要错过的。以为要花很长时间才能忘记，其实不是，不联系慢慢就淡忘了。现在午夜梦回，旧事越来越模糊，唯一还记得的是喝醉酒，我在马路上唱的那首《好汉歌》，'大河向东流，天上的星星参北斗'。那歌从一开始就告诉了我们结局。

我说，你当时不是喝醉了吗？

二姐笑着说，你永远无法灌醉一个装醉的人。

我说，为什么？

二姐笑着说，其实，一个姑娘对一个人所有最大的爱，不过都是借着酒劲装的，喝醉了，有些话才好说，可我是那种酒量好的姑娘，别人都是酒后吐真言，趁机表白，而我的酒量，无论怎么表白，我说的都是，满上，满上，满上。我把我所有的大胆都给了初恋。

我问，现在，提及那个名字，你还激动，还有期待，还紧张，还心动吗？

二姐笑了笑，一个名字而已，哪儿那么多的大惊小怪。

我说，他结婚了。

二姐说，我知道，我还去参加了。

我说，你心真大呀。

二姐说，那一句"我愿意"，我还是想听他说，只是他说完，我回了一句：祝你百年好合。我一直坚信一件事，我爱你，那是荣幸，我们因为种种原因不得已最后分开，朋友或者路人都是赐福。从你身上我看到好的世界，学会珍惜自己，从你身上，我看到坏的世界，学会保护自己，我们感谢的永远不是伤害，是饱经岁月摧残后，我们依然笑得跟花儿一样，生如夏花，我定当璀璨，往后，你不必担心。

我说，你喜欢的人在你面前，从此属于别人，你怎么能不难过？

二姐说，你没参加老三的婚礼吗？

我说，我们 10 年没见了。

二姐说，你还没有释怀？

我说，互不打扰，是我能做的最后的宽宏大量。

二姐临下车前跟我说，原来他不属于你的未来，只是那时年轻看不透，你知道他不在你的未来，应该怎么过？大概只有一个词：哭过。还有一个成语：一笑而过。

哪有过不去的坎，失恋产生的阴影面积能有多大，我相信高抬腿大迈步，大不了从头再来。那些错过的就是错的，让他过去，只要别矫情，日子照常过，没尝过幸福的滋味，还没见过花式秀恩爱吗？人哪，长大就好了。当初的奋不顾身都是自己的事，说多了没劲，那不过是当年，菜满席酒满杯，你招呼大伙，趁热都尝尝，我先干了，你们随意。

　　后来有一个姑娘跟我说，你别等了，她不会回来了。

　　我笑着说，我没等，从灯火阑珊处我为什么会哭，我就知道有些人，我永远不必等了。

你长得很美，但我得回家

1

李昂在朋友圈，发了一条这样的信息：想跑到大街上，在人山人海中找一个人，借他肩膀哭会儿。李昂是我们公司新来的同事，挺努力的一个姑娘，她的工作是文案策划，跟我在一个部门。

在这一条信息下，五花回了一句：我在燕儿岛路和香港中路交叉处的酒吧，你来吧，刚腾出来半个肩膀。

五花是我的朋友，他喜欢吃炸得酥香的五花肉，就着辣子和蒜片，用苏子叶那么一裹，一口咬下去，那种人生叫作"星垂平野阔，月涌大江流"，豪迈奔放，所以我习惯叫他五花。

李昂真的就来了，五花问，喝日出？

李昂说，喝到日出。

日出是一种很酷的鸡尾酒，我记得以前在里面醉过一回，就着春风迷人的夜晚。那天，我只来了一大杯德国黑啤，那一刻我觉得我跟爱迪生离得很近，他发明了灯泡，对，我就是灯泡，是夜空中最亮的一颗星，还是能指引方向的北斗星。

李昂说，我前男友给我打电话了，他说有些事说好了，没做，不如趁这个冬天来了，开始呀。以前我说过，要陪他看北方夜里的大雪，他说做梦梦见了。我们站在北方夜里的街头，那雪飘在街灯下，我说我想喝一碗热汤，他给我点了一碗热馄饨。在我们分手后的380天，他跟我说这个，你说怪不怪。

五花说，是不是酒喝多了，犯贱？

我说，你可别犯傻，当初你们分开的理由，将来有一天也是你们下一次分开的理由。

李昂说，当初那么决绝，现在觉得他好可怜，他失去了一个爱他的人，而我却找到了一种长大的方式，迎风发芽落地生根。以前我还傻傻地求他不要离开，他走得那么干脆利落，说了分手，拎起行李箱就走。其实他早做了决定，他不过在等我说出那句分手，他好扮演一个受伤者，是不是男人都这么厚颜无耻？想要离开的时候偏不说，用冷暴力，耗着，耗着，姑娘受不了，说了分手。

五花说，真渣。

我问，你想回头？

李昂说，怎么可能？从沼泽里走出来，我不庆幸，还要回头？以前我可能傻，现在不会了。

五花问，如果给你一次重新遇见爱情的机会，你会把攒了一年的力气全部用上，重新开始吗？

李昂说，会，依然奋不顾身。

五花说，嗯，我喜欢你。

李昂说，你别闹！

五花说，没闹。

李昂说，可是我现在一个人挺好的，我还没有那种特别强烈的想要去爱一个人的欲望，我现在觉得我应该把时间用在能够让自己变美好的事儿上，比如读书跑步，而不是恋爱。恋爱是一个消耗时间的过程，实话讲，我还怕上一场爱情的阴影。

我问，阴影面积有多大？

李昂说，很大，大到一场新的爱情不足以全部照透的。

五花说，我有光。

李昂说，我想自己先走走，走的过程会让我思考，其实，上一场爱情我也有不足。一个姑娘最大的悲哀不是遇见了一场荒唐的爱情，而是荒唐到把一场爱情当作自己的全部，我希望自己走到太阳升起。

那夜我觉得我跟五花就是两个情绪垃圾桶，脑门上写着"不可回收"和"可回收"。我们一直喝到日出，对，是"日出江花红胜火"。我点了一支烟，看那日出好美，昨夜的泣不成声，早过去了。当初的心有不甘，宿醉几个深夜，你以为过不去的坎，不过一抬脚的事儿。李昂说，那是一生中最美好的事，在人群中，我看见他。嗯，她说的是五花。

2

我问五花，你为什么会跟她在一起？

他们很快确认恋爱关系，印象里应该一起执行过几个项目，大概广告公司经常加班的模式适合恋爱的生长。顶着熊猫眼上班，披星戴月回家，这种环境特适合"关心"这种植物生长。你说，夜深人静，文案设计一大堆工作，那个时候孤独和方便面摆在桌子上，你不谈点情聊点爱，对得起漫漫长夜吗？

后来五花跟我说，我遇见她的那天，带着一把吉他在身边，如果她想听，我就唱给她，蘸着此生所有的喜出望外给她写一首剁椒味的关于秋刀鱼和猫的诗。她不说话，亲手拨开一颗石榴在面前，满眼的委屈，那一塌糊涂的酸，已经胜过我征服的一路山珍海味。

我问五花，你为什么会跟她分开？

那一场爱，持续了有半年，快到谈婚论嫁时，他们分手了。婚纱和西服在一起，可惜他们没有在一起。五花说，西服大了一号。

傻子都知道是借口，偏偏他俩都信了真，大概是攒了很久的情绪，他们吵了一架，不欢而散。那天李昂做了一大桌子好吃的，五花转身离开家的时候，他甚至看见有他最爱吃的炸酥的五花肉和苏子叶。

五花找我喝酒，我一句话没有劝他，他满上我就喝，我举杯他就喝。

五花问我，你就不问问我什么事儿？

我说，如果你想说的话，酒满上第一杯，你就张口了，既然到现在半瓶下肚，你没说，我就不问了。心事这种东西，有时候别人的建议都是大道理，自己摸索，自己惹的红尘事，就自己跟红尘来一笔勾销。自己许的承诺，就跟喜欢的姑娘掰扯清楚，我是局外人，我就喝酒。

五花说，好，喝酒。

我刚举起杯，五花接着说，跟你说吧，我跟李昂分手了。

我问，会影响明天工作的情绪和效率吗？

五花说，会。

我说，那你明天不用来上班了。

五花说，好。

我说，什么时候心情好起来，能上班了，再回来上班。

五花说，仗义。

我说，多大点事，请假从工资里扣。

五花说，你还是人吗？我失恋了，这么大的事，你居然落井下石。

我说，你还是人吗？李昂多好的一个姑娘啊，当初你怎么信誓旦旦地要娶人家为妻，你如今又是怎么激素分泌过剩的？

五花说，你别说了，我明天继续上班。

我说，告诉我你心里怎么想的。

五花小心翼翼地问，你是不是也觉得我跟那个新来的姑娘走得有点近？

我说，没想到，你居然是这种人！跟哪个姑娘？

五花说，你这么八卦！

我说，你记不记得我们第一次喝酒的时候说的那话？

五花问，你说哪句？

我说，一个人一定要用心去谈恋爱，你用什么方式辜负的别人，总有别人用同样的方式辜负你。你在别人心上刻一个"到此一游"，别人也会在你的心上刻一个"好走不送"。永远不要轻易去开始一场爱情，如果开始了，那就尽全力去经营。

五花说，我经营不善，濒临倒闭。

我说，你知道你为什么会倒闭吗？你缺一款畅销货。

五花问，什么货？

我说，爱。姑娘就跟花一样，你搬回家，要悉心照顾，她才会开花。

你们命里相生多般配，你看，你命里缺水，姑娘都是水做的。偏偏你只给阳光，花会干死的，所以，命里缺水那就勤浇水啊！

李昂说，那是一生中最糟糕的事，我看见他回到人群中。后来她跟我说，我对爱的要求很低，能活在世上，无非想要跟喜欢的人去经历一些有趣的事。倘若面前有酒，倘能如我愿，那这一生应该笑得哈哈哈哈哈哈。

那一串哈哈哈哈哈哈，李昂居然笑出了眼泪，真的，最后冒出一句很古怪的话，我借你的肩膀怕是此生难还了。

分开前一秒觉得自己金钟罩铁布衫，他一转身，鼻尖一酸，那眼泪大珠小珠落玉盘，碎了一地的是当年的盔甲，往后你的名字成了软肋。我就着南风喝一杯，醉得不知归路。他们终于在一起，他们终于又分开，这就是故事的结局。

3

庆幸的是，这个故事还有续。

10月2号，我坐从青岛发往包头的火车，去内蒙古参加自己的婚礼。那时候，我戴着一顶黑色帽子，手边有一瓶刚刚打开的红星二锅头。巧的是，我跟五花一样，我们都曾深爱过一个内蒙古的姑娘，所以，10月2号，我们一起踏上一列开往包头的火车。

五花坐在我对面，如果你问故事的结局，我只记得前几天我们一起喝酒，他说，你知道塞翁那老头吗，丢了马的那个？

我说，知道啊。

五花说，你说，如果他的马没有回来，他会怎么办？

我说，等。

五花说，等不回来怎么办？

我说，一直等。

五花问，为什么他不去找呢？

我说，如果能找到的话，他早去了。如果那马还爱着草原，一定会踏着马蹄声归来。

五花问，可是，我们为什么要跋山涉水地去找呢？

我说，这不叫找，我知道在哪里，这叫抵达，是一颗心抵达另一颗心。不过你，我就不清楚了。你行千山万水，也有可能扑个空，你伤人在前，你背着荆条，活该。

五花说，万一她不接受我，怎么办？

我说，你活该。

五花说，万一被轰出来，是不是很没面子？

我说，你活该。

那天的五花穿着一身西装，很奇怪的样子。西服有点大，我还嘲笑他简直像是借的别人的。他站起来，转了一圈给我看，我才发现那是他最漂亮的一件衣服。他终于变得像是一个骑士一样，变成了一个自在如风的少年，他应该驰骋在草原上，跟他最心爱的姑娘一起。

人生真的很奇妙，大概时间会给你一些时间去成全一些执念。前几天应朋友邀请去北京讲了一节课，课上认识一个姑娘，我说，你字写得好潦草。其实我心里想说，认识你真好。

对，她像极了我以前喜欢过的一个姑娘，那节课结束以后，像是一场毕业典礼，所有人拥抱，她走到我面前说，给我一个拥抱吧。我说，好。是的，那个拥抱该是多年前执念里欠下的，现在我还上了。所以，我跟她说，愿你一直萌萌哒。

　　我知道，应该站在她的面前，欢喜地跟她说声：你长得很美，但我得回家。往后，我发现了一条很长、很美的路，右手边刚好有人，那该是一生中最幸福的事，所以酒在杯里，沾个喜字，你应该尝尝。

　　那天我的酒席上，李昂问五花，你怎么来了？

　　五花端起桌边的酒，连干三杯，眼圈红红的，突然扑通一声，单膝跪下，问，你，还愿意嫁给我吗？

　　李昂说，你起来！

　　五花说，你不答应我，我就不起来。

　　我笑着说，你真是刷新了我的三观，还有蹭婚礼的！

　　五花说，你活该！

4

　　你要相信，那些口口声声说着分手的人，就像口口声声喊着减肥的人一样，转眼夹起红烧肉、水煮鱼、烤鱼、焖鸡翅，吃得比谁都欢快。她就是吓唬吓唬你，就像当初她吓唬自己身上燃烧的小脂肪一样。

而真正要离开的人，他们从来都不言语一声，只是选一个早晨，竖起领子别让风灌进来，他不会叫醒你，你继续装睡下去就好。你看南风吹起，等一个故人归来，酒温热菜上齐，他一定赴宴，见你一面。

我相信，你会来，我等就好。

我相信，大家心里都有那么点执念，总有一天会在面前散开，当年爱得死去活来，能怎么样？你还不是娶了另一个姑娘，就像我一样，翻山越岭去参加自己的婚礼。总归是这样，牵一人终老，真正的用力不是耗尽力气抓住，而是你慢慢摊开手心，放开。那一松手，才是一生中最用力的一刻。

错爱一个人不怕，别交付一生的欢喜，喜欢但不盲求，欣赏但不偏执，挤不进去的世界，那就提前打方向盘，别浪费油。往后的路还长，铆足马力还要去更远的远方。往后扁豆焖面成了家常，吃两大碗欢喜，再重逢千层酥饼、麻辣凉皮、脆皮肉夹馍，点头为安，各自被心疼收藏，那就不枉一场相识——我曾经爱过你。

五花比我更幸运，他有一身大一号的西服，出租了半个肩膀。我也不差，10 月 2 号，去参加自己的婚礼，我爱的姑娘，她一直在等我娶她回家。她也很美，那种美我以前见过。2008 年，她来了，那天春天也刚来，一切刚好。她说，油条、豆浆都在，你的对面差一个我，要不要一起吃早餐？

我问，能不能每天都一起吃？

喜欢，就是永远不用说对不起

1

前几天我在北京出差，小韩姑娘在微信里跟我说，她打了 10 个电话发了十几条信息，她男朋友没有回复一条。他们大吵了一架，她等了三天，没有等到男朋友的一句解释。

她说，如果是我，会坐火车当面去解释。他什么意思？

她说，我生病发烧的时候，好想要他抱一抱，可是他说，别闹，我们再有 5 天就可以见面了。

她说，我知道北京所有的天气，却在南京被淋得像是落汤鸡。他告诉我定好闹钟叫他起床，却不知道我凌晨 4 点才加完班。

她说，原来他每天都很忙，只能忙里偷闲想我一下，就这一下，我能开心好几天。

我特理解小韩姑娘的感受，只不过才出差一周而已，当我站在北京的街上，看着那么多的好吃的，烧饼、米线、麻辣烫、盖饭、煎饼、牛肉面，才发现少了最关键的一个东西，牛肉面的盖头再多，但是最想吃的那一碗叫作面对面。

小韩姑娘告诉我，那要求多简单，你若等过一个人，你知道他冬天会来，秋天树开始落叶的时候，你就开始开心。一看到风吹起地上的树叶，就想起了你，你当时问我，树叶的离开是风的追求，还是树的不挽留？我从此爱上树叶里的风声，哗啦啦，哗啦啦，哗啦啦。

北岛说过：你没有如期归来，而这也正是离别的意义。所以小韩姑娘问我，该不该分手？

有太多的姑娘问过我一句话：该不该分手？其实，当你问出这句话的时候，已经有答案了，如果你没打算分手，或者你心里想过无论多难都要跟他一起度过，你是不会问出这句话的。

当你问这句话的时候，我知道，你的委屈感爆棚了，你就想变个花样撒个娇，让他重视你一下，可惜，大家都挺忙的。

我记得我是这么回复韩姑娘的，恋爱呢，都要经历一个阶段，就像掉进一个华丽的陷阱，有的人恐慌喊着救命，低头掉的都是眼泪，有的人抬起头，看见的是一片星空，哇，好美。你看到的是什么？

小韩姑娘说，我想他了，就买一张去北京的车票；他想我了，我就买一张去北京的车票。所以3年多，我攒了100多张车票。

小韩姑娘继续说，我想他了，就去吃一顿小笼包配着鸭血粉丝汤。你看那小笼包，往醋碟里那么一放，咬一个小口吸一口汤汁，你看那小小的鸭块，浇上一勺滚烫的鲜汤，滴上几滴香油，撒上一撮虾米，一撮香菜，几滴辣椒油。他走后，我把他吃饭的习惯重复了上百遍。

你该知道，你要的是感情还是感动。生病的时候，有人鞍前马后端茶倒水，你感动得一塌糊涂，你觉得远在他方的他竟是摆设。下雨的时候，有人替你撑伞淋湿了半身，你感动得一塌糊涂，你觉得远方的他早上提醒你带伞竟是废话。

我最后听到的结局是，他昼夜往返，陪小韩姑娘吃了小笼包和鸭血粉丝汤。

可能这就是喜欢，小韩姑娘倔强地昂着头，问，你为什么不给我道歉？

她男朋友笑着夹起一块鸭肉堵住她的嘴。

小韩姑娘笑了又笑，委屈再大也会冰释前嫌，所谓爱着，就是你在对面一笑，我便毫无原则，谁让你笑得那么好看。

她男朋友说，对不起。

小韩姑娘笑着说，喜欢，就是永远不用说对不起呀！

我知道，他们还会继续吵架，继续闹别扭，但是我也知道他们会爱得更甜蜜，这就是恋爱。我们会有千百种琐碎花样吵架，也会找到一个有趣的花样和好，因为心里装着彼此。所以，如果最后是你站在我面前笑着，我一定会毫无原则地原谅你。

2

你一直拼命去爱，忘了自己，到最后不过是抿一口酒，撸一口串，你指着路边叼着烟的少年，跟我说，嗯，以前我也爱过这么一个人。

那是一个大四的姑娘跟我讲的故事。

她问我，毕业，除了分手，还有其他结局吗？

我问，你喜欢哪种结局？

她说，我想爱，哪怕远隔千里，我还想跟他试试有他的未来，可惜，他怕了。我毕业在前，他毕业在后，中间的两年怎么过？

我说，从什么时候开始，你把爱变成了一种负担。既然爱，用你所能的方式就好。你贪恋一个拥抱的温暖，他不在身边，热水袋一样暖。你贪恋一句情话的暖心，他不在身边，一碗排骨酥面、一碗香菇滑鸡饭一样暖胃。想念就联系，想见就订车票。

她说，万一努力了，最后没在一起怎么办？

我说，听说这会儿北海道的鱼群游得汹涌，浪花一朵一朵。南极的星空特别亮，星星一眨、一眨的。某个城市正在经历日出，某个城市正在享受日落，有的人刚刚推开一家餐馆的门，有的人刚给壁炉里添了柴，打开了一本书。如果，我们现在出发，可能会看到冰封的北海道、天空特别灰暗的南极，路过的城市刚好阴天下雨，推开的餐馆还没有营业，你只能点一杯水等羊角面包出炉，壁炉没有柴可以添加，书翻到最后一页，你会遇见 100 种最差的可能。你说，我们还要不要出发？

她说，你是告诉我，只要有一种最美好的可能，就该赴汤蹈火去尝试，只有你去经历了，你才知道，坚持爱下去是最美好的意义，这一路都是最棒的风景，因为是跟你一起经历的。我要的是跟你在一起，但是我更关心跟你一路走下去，我所遇见的每一处风景，是这样吗？

我说，不是，我的意思是，来这么一场说走就走的蜜月旅行，要花很多钱呢，好好攒钱吧，只有这样才会让你爱得更有力气。

她笑着说，嗯，这是最现实的问题。

我说，爱，在这种现实面前无坚不摧，也在这种现实面前不堪一击。你知道为什么吗？

她摇摇头。

我说，我们常常以为爱是金钟罩铁布衫刀枪不入，可是，你知道这个爱的漏洞在哪里，它往往都是你亲手摧毁的。不用刀，不用枪，可能就是你一句话，爱会瞬间倾倒碎一地。

别在最好的年纪，辜负了想要心疼一辈子的那个人，我们生来都带着任务，在人山人海中遇见了，有个爱你的人不容易，你说，排骨炸得酥香跟冬瓜一起蒸熟盖在面上，嫩滑的鸡腿肉配上蒸好的香菇盖在米上，如果只是为了吃饱，我们费那么大的功夫干吗？多滑稽呀，比滑鸡饭还"滑稽"！

千万别拿困难搪塞爱情，爱情啥场面没见过，从校服到婚纱，爱里最不缺的就是困难重重，没事，"两岸猿声啼不住，轻舟已过万重山"。

3

想起多年前，我在临沂工作，认识一个叫大熊的哥们儿，可惜他没有哆啦A梦，他老婆也不是静香。我们在八一路上一家家常菜馆喝酒，他们家的大盘鸡和小三鲜特好吃，是招牌菜。鸡肉里有大青椒，小三鲜里有百合，老板娘很文艺，她说，这俩菜很搭，还有另一个名字叫作：青山不老，陪你白头。

大熊有句话特震惊我，他说，跟老婆说两句就呛，什么难听骂什么，不明白天天生活在一起的两口子怎么就不共戴天了，天天拿小刀往对方心口上戳，太知道对方的底细了，刀刀见伤、刀刀见血。

那时候我听到大熊提及最多的字眼是离婚，可是，几年前，大熊的女儿突然就不见了，他在派出所看到他老婆哭得嗓子沙哑，攒了一肚子的委屈和气愤，最后他揽过他老婆的肩膀，就说了一句：还有我呢。

　　我真希望故事里是他小女儿闹情绪，为了缓和他们夫妻矛盾躲起来了，他们一家三口最后过上了幸福的生活。可惜，现实是他女儿被人贩子拐卖了，绕了很大的一个圈子，好在万幸，小女儿终于被寻回，但是精神出了问题，他们两口子那几年净跑大医院了。

　　已经不记得他们当时为什么吵架，反正一赌气，孩子就被丢到游乐园，等他老婆再回去，那已经是另一个世界了。世人说多少遍爱着多好，我们嗤之以鼻，常常在大悲大伤面前才懂，代价太大了。你现在想要的，当年你伸手就有，偏偏耍浑劲儿，现在羡慕别人有的。

　　有年头没回临沂了，跟大熊最后一次喝酒，听到大熊提及最多的字眼是惜福，为什么娶了一个姑娘叫媳妇，大概就是想告诉自己要惜福吧，我喜欢这个解释。一个姑娘，跟你一辈子，有口热饭，有个热炕头，有句暖心话，她要的不多，这一切跟她所付出的相比不值一提。

　　我也是，真想多年后，抱着喜欢多年的姑娘，还跟从前一样，那一抱就想心疼一辈子，对，生活会消耗、打磨、分解爱，但是，若你想要唤起，那余威仍可以让虎躯一震。

小龙女对杨过说：你姓杨我便姓柳吧。相爱了就留一句他说的话给自己，遇到那些过不去的坎，拿出来安慰自己，给现在的你也给日后的你。你真正得到了想要的那个东西时，那一刻反而失落，反而那些你追逐的过程让你倍感快乐。

两个人只有在一起才有可能。分开了，那一句保重有啥用？保重，你多吃呀！用你说啊！吃你家肉啊！吃你家大米啊！

4

我大概是骨子里害怕孤独的人，所以我养狗养猫，仍治愈不了，所以我结婚了。我几乎比任何一个人都害怕出差，我天生就抵抗离开熟悉的地方，在陌生的地方身体会发出明显抵抗的信号，长这么大，我去远方不超过 10 次，每次出差，要么嘴上起泡，要么过敏，反正身体有上百种花样告诉我：你该回家了。

每次出差，媳妇总会给准备很多零食，一大包，我数着包里剩下的东西，就知道我该什么时候回家了。一回到青岛，毛病立马变好，生理学上叫作水土不服，但是从情感上来说，我大概是得了一种城市依赖征。我是一个不能好好生活，就不会好好工作的人，我所理解的好好生活大概就是养狗养猫、给媳妇做饭，我迷恋的就是这种感觉。这座城市有我喜欢的人，就是我冲锋陷阵的理由吧，她不在，我表演给谁看啊？

大道理没用，把你想要的生活努力过一遍，自然就懂。应该有千百种方式度过生活的所有刁难，分手是下下策。当初眼前一亮的人，总有你想要的光芒，他突然让你眼前一黑，那不过是有大山挡在你们之间，你看愚公移山，山水有相逢，移完山，手机信号是不是满格？

在一场爱情里没有解决的问题，换一个人会继续上演，因为你手里拿的剧本一样啊，扉页写着大大的两个字：逃避。第二场第一镜，第三场第一镜，不过就是翻拍之前你经历的一秒一帧而已。

所以，我特别信在一起的力量。你得承认，无论爱多么渺小，只要你有，它一定会告诉很多你想知道的答案。我特别信当我们用心去经营生活，经营两个人的点点滴滴，我们一定赶得上最好的时光。遇冰化水，小事化了。哪怕最后真的不能在一起，至少你不会踏入同一条河流。

梦见喜欢的姑娘突然哭了，说，你不在我已经很久不吃肉了。

一下子把我吓醒了，我居然傻到给她发微信：咱家冰箱里的肉你吃了吗？可是，我明天就要回家了，治愈小馋猫最好的方式是系上围裙，备好酱油老抽糖，蒜蓉爆锅放入开水里汆烫好的五花肉，那焖 20~30 分钟就是我们重逢最好的时光。

心隔千万里，常念她的好，这就是我远距离享受爱情的方式，诱惑那么多，可是家里有，心里就暖暖的。

人这一辈子，不会遇到太多美好的东西，山谷里大风起，雪后漫天星辰，二十来岁的爱情，《怦然心动》里有句台词，翻译过来很好听：世人万千种，浮云莫去求。斯人若彩虹，遇上方知有。

不想和你谈人生，
只想和你谈恋爱

CHAPTER · 2

大事不妙，
我好像喜欢上你了

有些话一定要当面说，比如我喜欢你

1

你有没有听过这首歌——《没有时间了》？我也是偶尔听起这首歌，想起一个故事。我记得那天的咖啡馆里放着这首歌，她坐在靠窗的位置，点了一支烟。我认识的姑娘里，抽烟的不过三五人，对她印象尤为深刻。她抽烟的样子很酷，像是在跟烟讲一个故事，关键她只抽一个牌子的烟。

她很安静，一根接一根，像是在等一个人。我坐在离她三张桌子远的位置，我也在等一个人。后来大圣来了，才发现原来我们等的是同一个人。

后来知道她叫杨一，酒量很大，最喜欢吃的是土豆丝和烤鸡翅，是的，2斤的那种扎啤杯，4个人喝了10个，那是我们第一次见面。

后来我跟大圣一起回去的路上，大圣说，若有一天能重逢，让月光洒满整个晚上。听他这么说，我就放心了，嗯，他喝多了。

大圣喝多了的标准就是唱歌，但是大圣唱歌有一个特点：永远不在调上，喝了酒以后还能串烧。可是，那天晚上，我觉得大圣怪怪的，他像是突然多了心事，我问，你是不是对那姑娘有意思？

大圣说，没。

我说，你第一次见人家，怎么说话爱跟人家呛着呢？这分明就是要吸引她的注意力。

大圣说，咱们不是讨论业务吗？观点不同，很正常吧？

我说，讨论业务，为什么你常常讲段子逗她笑呢？

大圣说，你不觉得她笑起来很好看吗？

我说，你看，你一定看上她了。嘴上拒绝得这么明显，但是身体发出的信号却蛮诚实的。一个人突然开始做相互矛盾的事儿，那八成就是现场有他喜欢的人。

杨一第三次来，我约大圣晚上一起喝酒，还是老地方。

杨一突然问，你为什么叫大圣？

　　大圣说，我有一个梦想，有一座花果山，一山的桃花，等有一天跟喜欢的姑娘卖桃花换酒钱，在桃树下喝酒聊天。我是花果山的大圣，她是花果山的压寨夫人。

　　杨一说，我要跟你混。

　　这个梦讲得好美，我差点就信了，真的。如果不是"大圣"这个绰号是我起的，我真的以为大圣有那么一个梦想，他以前从来没有这么正儿八经说过话。

　　我跟大圣有近4年的交情，他名字里有一个"圣"字，所以我叫他"大圣"，就这么简单。可是他跟杨一说了一个很奇怪的来历。后来我回忆起第一次见面，我们聊了很多，但是大圣只记住了她的微笑。以前两扎啤酒他毫不含糊，现在姑娘一笑，他就醉成了狗。

　　你说，若不是对一个人动了情，为什么说话开始变得小心翼翼。

　　杨一问大圣，你是不是养狗？

　　大圣说，对啊，一只哈士奇，每天一回家，就感觉家里遭受了外星人袭击。然后那只狗就很无辜地看着我，总是一副，你看，你看，我刚刚击败了外星人，我累了，快去给我弄吃的样子。自从有了这只狗，都不好意思吃零食了，它对撕包装的声音太敏感了，你一撕零食的包装，它立马冲到你面前，就一副，我不吃，我不吃，我就看看的样子。

杨一说，对，对，我的狗也这样。有时候它把沙发咬了，总是一副很委屈的表情：你看，你看，我这么萌，你肯定不好意思打我。

大圣问，你喜不喜欢鬼故事？

杨一说，不会吧，你也好这口？

大圣说，每当深夜来临，你带着耳机，开一瓶酒，弄一盘辣鸭脖、鸭头，那感觉简直太爽了。

杨一说，你也喜欢吃辣鸭脖、鸭头？我一直以为很少有人愿意吃辣鸭头这种没有肉的玩意儿。

大圣招呼服务员过来，说，加一份干锅鸭头。然后接着跟杨一说，我给你讲一个鬼故事啊！开头很恐怖，中间超级搞笑，结局很悲惨！我第一次听的时候差点感动哭了。

我临时插了一句，说，你一个大男人听鬼故事哭了？吓的吧！

大圣说，真的超级感人的，你听不听？

杨一说，听。

大圣说，从前有一只鬼，吓不吓人？是不是很恐怖？突然，放了

一个屁，哈哈哈，搞不搞笑？鬼放屁了。然后，死了。结局是不是
很悲惨？

我说，哪里感人了？

大圣说，放了一个屁死了呀，多可惜，它还没有谈恋爱啊，多悲伤，
它还没有遇见宁采臣。你说，那只鬼多难过，它在最好的时光里没
有遇见最爱的人，你说难不难过？

杨一突然问，你有没有遇见你最爱的人？

大圣说，可能遇见了。

每一次他俩都聊得特别嗨，我们其他人都是背景，安静地听着他
俩你一句我一句地侃，跟说相声似的，一个逗哏一个捧哏。我猜他
们一定互生好感，因为他们有聊不尽的话题。

一份好的感情的标准，就是遇见一个能聊得来的人，你说的每一
个梗，她都能懂，你说的每一个笑话，她都能 get 到点。不知道为什么，
我觉得大圣讲个很无聊的段子，杨一都能笑得哈哈哈，简直太捧场了。

2

杨一说，你肩膀上有蝴蝶。

杨一从大圣后面拍了他的肩膀，那是他们第二次见面，还是在那个咖啡馆，大圣笑得特别开心。那种笑我以前见过，对，在大圣第一次遇见那个姑娘时。她给大圣点了一杯薄荷咖啡，大圣嘴上说味道好怪，心里开心得要死，舍不得喝，不知道是不是喝得越慢就可以跟她待的越久。

天要黑了，我们要约去吃小龙虾喝啤酒，临走的时候，大圣跟咖啡店的服务员说，能不能把剩下的半杯打包啊？大家突然愣了，然后开始笑，我们一直以为是大圣闹着玩呢。大圣很严肃地说，真的。服务员很不情愿地给他找杯子，那半杯咖啡在他办公桌上待了有三天，他没有喝，他说，整个夏天都是薄荷的味道。

记得最后一次喝酒，5 个人喝了 27 瓶啤酒，红酒 2 瓶，易拉罐、啤酒瓶散落了一地。她说，我没烟了。大圣跌跌撞撞下了楼，我怕他出事，跟着他下了楼。那个姑娘真的很怪的，她只抽一个牌子的烟，那个冬天，真的好冷，我跟大圣转遍了街上所有的小店，终于买到了一包，大圣捧着烟，真的是捧着，那么虔诚。

我问大圣，你是不是喜欢上她了？

大圣蹲下来，撕开烟盒抽了一支烟，他说，这是我离她最近的距离。我突然想起一件事，从第一次遇见姑娘，大圣抽的烟牌子变成了和姑娘一样的。巧的是，每次杨一来，大圣都会第一时间来，可是，大圣挺忙的一个人啊，他公司那么多事！

第二天，杨一要回家，没有告诉大圣，等大圣知道的时候，离发车时间只有一个小时了。大圣打车去见她最后一面。他让杨一在车站门口等下，那个时候杨一已经检票进站了。杨一说，没有时间了，马上要发车了。

大圣说，我想跟你说句话，当面说。

大圣赶到车站的时候，火车已经启动了。他蹲在火车站西站口靠马路的地方，点了一支烟，他盯着手中的烟愣愣的，那是杨一最喜欢抽的一种烟，他仿佛攒了大半生的力气，想要抓住，一伸手，什么都不见了。突然有人从后面拍他的肩膀，说，你肩膀上有蝴蝶耶！大圣转过头看见杨一，笑了。

杨一问，你要说点啥？

大圣突然支支吾吾不知道说啥，他掏出烟，问，要不要来一支？

杨一问，你也抽这个烟？

大圣说，我喜欢的人最喜欢抽这个烟。

想起已经很久没有抽这种烟了，也很久没有跟一个人痛快喝酒了，虽然杨一知道错过一班车的代价，可是，那一刻，他们站在西站口，不说话，人来人往，很美。你知道你要去的地方，不知道谁会陪你坐上哪一班火车，那就是最好的时光。

杨一说，你是不是喜欢我？

大圣突然很惊讶，你怎么知道的？

杨一，你从什么时候开始喜欢我的？

大圣说，我能先问你一个问题吗？

杨一说，你说。

大圣说，如果我喜欢你的话，你会喜欢我吗？

杨一说，我给你讲一个鬼故事啊！开始很悲伤，中间很恐怖，结局很感人。你听不听？

大圣说，听。

杨一说，我以前不相信爱情，是不是很悲伤？可是后来见鬼了，是不是很恐怖？所以，我喜欢你。结局是不是很感人？

大圣说，这是我听过的最感人的故事了。

杨一，你从什么时候开始喜欢我的？

大圣说，第一次，你叼着烟，在咖啡馆等了我很久。其实我早到了，我在窗外看了你足足十几分钟，你抽烟的样子很迷人，但是我想跟你说，吸烟有害身体健康。那时候，应该是好感，一个人对一个人有好感不容易，但是，我确实被你打动了。往后每见你一次，我都觉得很开心，一个人对一个人有开心的感觉不容易，所以我觉得有些话要当面说，我就先说一句：我喜欢你。只是不知道以后有没有缘分把喜欢变成爱。

杨一说，我也喜欢你。

大圣问，你从什么时候开始喜欢我的？

杨一说，见鬼了那天。

大圣疑惑地问，鬼，什么样子？

杨一笑着说，我也不知道什么样子，那只鬼放了一个屁，就死了。

两个人哈哈大笑，交换心事，应该是恋人之间最有趣的事，你把你的秘密给我，我把我的秘密给你，原来我们互生喜欢，想来，真是一件值得庆幸的事。这么开心的事，应该有一瓶酒被打开，有一盘辣鸭头被摆上桌，才足以值得炫耀。

我特别喜欢这种有话直说不绕弯的感情。多痛快！你不藏着，我不掖着，都放在明面上，旗鼓相当，像是盖饭，所有的惊喜都在盖头上，一眼明了，你是我的菜，鱼香肉丝盖饭，我是你的菜，宫保鸡丁盖饭，来，一起开动。

3

我一直以为大圣很聪明，可大圣看她的眼神，对她说话的语气，别人都历历在目，他却后知后觉，这是不是就是我们常说的"当局者迷，旁观者清"？

大圣他亲口告诉我，我恋爱了。

我说，是不是杨一？

大圣说，你怎么知道的？为什么你们每一个人都知道我喜欢她，我却是最后一个知道的。

原来有些事藏不住，比如我喜欢你。

所有人都知道了答案，可大圣却是最后一个，因为他在确认，他怕是一见钟情，而我们都知道，那是日久生情，一个逗哏一个捧哏，这天生就是一对儿啊！当你喜欢一个人，你的眼里全是他，虽然你是看不到的，但所有人都能看到。

后来，我很深刻地理解过一个事：不在一起的叫爱情，举头望明月，花间一壶酒。在一起的叫婚姻，推开门，柴米油盐酱醋茶。他们真幸运，两件事变成了一件事。

那时候你的世界车水马龙，我的世界仅仅有你。书上说，怕黑就开灯，想念就联系。可是最漆黑的路还是要自己走，最想念的你腌起来刚好老了下酒。

有些事，真的很不可思议。我听说了这样一句话：留人间多少爱，迎浮世千重变，和有情人做快乐事，别问是劫是缘。这是杨一讲给我听的，最后她跟大圣说，没有时间了，打今儿起，我们好好相爱吧！

从一开始，那家咖啡馆就在放着一首歌，叫《没有时间了》，原来是这个意思，若是喜欢一个人，基本上就没时间了，要痛快去表白。有些话，一定要当面说，千万别拖着，暗恋着，你又不是电视剧，把剧情拖得那么长、那么虐干吗？要收视率吗？

我记得大圣跟我说过，他每次出差路过杨一的城市，都会发微信说路过。其实他想听杨一回答，来玩啊！每次他都是惊喜又遗憾地路过，杨一没有邀请过他一次。他知道也许他们还没有熟到只有两个人一起坐下来喝酒聊天，所以大圣说，他最喜欢听杨一说的两句话：我明天要去青岛，我到青岛了。

他4次出差路过杨一的城市，这一次，路过她的生命，不想走了。

现在，青岛的天越来越冷了，他们认识刚好一年了，但是他们只见过7次面，每一次见面我都在场。最后一次我听杨一说，他们要结婚了。趁我杯中还有酒，我想跟她说，百年好合。

大圣说，你看，爱情还是要相信的，万一见鬼了呢？

真抱歉喜欢你这么久，现在才告诉你

1

如果在这个世界上只选择一种食物相依为命，你会选什么？

这是前几天微信里一个叫瓜瓜的姑娘问我的问题，我反问她，你呢？

她说，我会选择馒头。

你猜这一定是个山东的妹子，没错，她来自山东潍坊，她的微信签名是一句很有意思的话：文艺女青年这种病，生个孩子就痊愈了。

我问她，为什么是馒头？

她说，我自己就可以嚼出甜味。馒头不像其他的食物，米饭需要黄焖鸡，面条需要西红柿鸡蛋盖头，肉夹馍要靠肉才香，唯独馒头，它自己就可以骄傲到发甜，关键是吃不腻。

我说，你应该有个不想提及的故事吧？

她说，嗯，一个姑娘大概伤过一次以后就会知道，但凡动情，但凡刻骨铭心，必定伤筋动骨一百天。

11 路公交车的终点站在台东婚纱一条街，终点站的对面有一家辣子鸡，做得很好吃，常常人满为患。姑娘的名字叫瓜瓜，她男朋友给她取的昵称。有一回，他们没排上坐，瓜瓜说，要不咱们去看看婚纱？

她男朋友说，好啊。

那条街有那么多的婚纱店，他们偏偏走进了那家，偏偏那家正在打折促销，原价4999现价1888。他们觉得还不错，对，他们预定了一套。原本只是想要吃个辣子鸡，后来订了一套婚纱照，原本只想要一个吻，偏偏上了一张床，这大概就是爱情吧。

从婚纱店出来，瓜瓜说，就要嫁给你了，不如我们来一场婚前旅行吧？

她男朋友说，好啊。

从台东打车去火车站，买了两张开往泰安的离发车时间最近的动车车票，他们就出发了。那时候的瓜瓜想，能站在泰山顶上跟喜欢的人喝酒、聊天、唱歌、看日出，那一定很浪漫。可是入夜，冷得要命，幸亏她男朋友不傻，租了山下的大衣。她披着大衣，她男朋友来回地小跑。在泰山顶上，她跟她男朋友吵架说，你为什么不劝我啊？你但凡多说一句，咱俩至于跑到泰山来受这个罪吗？

她男朋友愣了愣，没回话。

那一夜很长，风越过山冈，瓜瓜说，我冷，你抱抱我。那天的日出，没什么不同，跟所有你在其他城市遇见的一样。瓜瓜后来说，想起来应该接吻，可是太冷，他们下了山，在科技大学附近吃了酸辣粉和小笼包。期间两个人话很少，瓜瓜说，我们回去吧？

她男朋友说，好啊。

回来没多久，他们分手了，瓜瓜哭着跟我说，我喜欢的他以前话少，我觉得他萌萌的，可是现在我觉得他好闷，做什么决定，他都说好啊。我说分手，他都没有多辩解一句，他说，好啊。

后来，瓜瓜收到婚纱店的电话，问他们什么时候去拍。瓜瓜才想起来，他们已经分手快一个月了，她给她前男友打电话说，要不你去把钱退回来吧？她前男友就去了，店员说，这是我们的促销打折套餐，不退的。本来他男朋友就不太会说话，于是就给瓜瓜打电话。

　　瓜瓜火冒三丈地就去了婚纱店，跟店员理论。店员死活不给退，唯一的解决方案就是只能拍。瓜瓜气得不行，一拍桌子，说，拍就拍，现在就拍。

　　化妆师给他们俩打扮，拍内景，瓜瓜突然觉得原来他前男友挺可爱的，尤其是刚刚跟人家理论的时候，被人家一句话堵着脸憋红的样子。她想，怎么可能，别人怎么可能欺负我喜欢的人，我跟他拼命。

　　摄影师说，两个人再靠近一点，对，搂着腰，脸靠近，对。

　　瓜瓜说，当时，靠得那么近，感觉那么陌生又那么亲切，她就亲了他一下。

　　选片的时候，他们都觉得那张照片美极了，他们甚至讨论起来，应该放大，放在客厅。他前男友说，我觉得还是放卧室吧。瓜瓜说，我不，就放客厅。她前男友说，好啊。

　　走出婚纱店门口，瓜瓜说，要不我们一起去吃辣子鸡吧？

　　她前男友说，好啊。

　　其实，我们每一个人去爱一个人，都有我们自己的方式，你深夜失眠无人应答，你去楼下走走，凌晨四点钟，石榴花开得正艳，应该会结大果子吧，那就是回答。你说每一句他都回"好啊"，不是没主见，而是你做的决定我都喜欢。

可是，回想起来，当时，他们只是为了吃一盘辣子鸡呀！

2

有次我跟媳妇和我妹在大尧一路和宁夏路交叉口户外的摊上吃烧烤，瓜瓜跟她老公要约我唱歌。我说，你们来吧，先喝点再去，他们就来了。看见我旁边的姑娘，瓜瓜说，我怎么觉得你有点面熟啊？

我突然笑了，说，对，你们的婚纱照就是我妹他们婚纱店给拍的，当时你们还吵过一架呢。你应该好好感谢她，要不现在你还指不定嫁给谁呢？

瓜瓜突然笑了，哈哈哈哈，对，那种花枝乱颤的笑，她说，你妹啊！

我说，对啊，我妹啊！

瓜瓜说，你妹啊！这一次是动词！

那天讨论了很久，突然觉得人生是一种美妙的存在，你永远不知道有谁在背后推动你们在一起。我问她，你最向往的爱情是什么样子？

她说，喝酒、聊天，抱着睡觉。

她喝酒有三件宝：土豆丝、拍黄瓜和烧烤。把人生过成乐呵段子的一个姑娘，后来坠入了爱河，一切都发生得特快，然后她怀孕，戒酒。有天夜里被肚子里的孩子闹醒，她突然想起自己做的一个奇怪的梦，跟她老公说，老公，老公，我给你讲个故事啊！她老公说，别闹了，快睡吧，明天还要上班呢？

然后她整个人生崩塌了，她以前向往的爱情，一夜之间崩塌了。她无数次地问过我一个问题，嫁给他到底有什么好处？不能喝酒，不能愉快聊天，睡觉背对背，这样的爱情到底为啥？

瓜瓜问我媳妇，你说，你嫁给他到底有什么好处？

我媳妇笑着说，开心就好。

可是，回想起来，当时他们只是为了喝酒、聊天。

我想起一个很有趣的建议，结婚前要睁大眼睛，结婚后要睁一只眼闭一只眼，可是我们往往搞反了。我们终究要跟一个人所有的缺点过日子，砂锅腊肠蛋面，你吃腊肠我吃煎蛋，鱿鱼香辣锅，你吃鱿鱼我吃腐竹。你说，爱情好乖，对，我们终究会爱得条理清晰，一步一个脚印。

是不是两个性格互补的人在一起，特有意思？你看，瓜瓜多豪放，是梁山上108星宿下凡，端起一碗酒可以说一个春秋；她男朋友多婉约，是大观园里的含玉而生，端起一碗酒就陪着听一个夏冬。

瓜瓜说，做女人太亏了。

我问，为什么啊？

瓜瓜说，听了男人几句情话，就铁了心要跟他一辈子，还给他生孩子，生孩子要戒酒啊，这酒可是我的人生挚爱啊！

我问，那怎么办？

瓜瓜笑着说，满上。

3

《四月裂帛》有这么一个桥段，姑娘问，嫁给你有什么好处？他回答，一日三顿饭吃，两件花衣裳嘛，一把零用钱让你使。其实我很希望拥有这样的爱情：一日三餐，有酒有肉；两件花衣裳，有冬有夏；一把零花钱，有五毛有一块。

我喜欢能喝酒的姑娘，可是我媳妇滴酒不沾；我喜欢微胖的姑娘，可是我媳妇瘦瘦的；我喜欢留齐刘海的姑娘，可是我媳妇最爱隆起头发梳个丸子头。你问我不爱她吗？她不爱闻酒味，我就可以戒酒；她不爱长胖，可是她怀孕了变得比我还重，我就拼命吃，怕她的体重超过我她不开心；她不爱梳齐刘海，我就陪她扎小辫。我猜，两个人在一起就这么简单，你开心着对方的开心，开心着自己的开心，就很知足。

去民政局的路上，她问过我，嫁给你有什么好处？

有很多这样的时刻。你欣喜万分，而别人一无所知。你百般庆祝，而她只要一个馅饼一碗粥。爱啊，说到底是两个人关起门来过日子。

我伸手给她，说，大概不会把你弄丢。

她笑着说，好，那我嫁给你。于是盖章生效，往后这姑娘的一生属于我，我的一生亦属于这姑娘，她微笑着说，但愿我的一生，蜜汁、咖喱、麻辣、黑椒、你都喜欢。两个人牵着手，你尝我一口，我尝你一口，要丢一起丢，就这样吧。

婚姻里啊，记性不好是一件特别值得庆幸的一件事。我媳妇记性更奇怪，怪到昨天刚刚吵架的事儿，第二天居然就能忘了，依然开心地吃我做的三明治和小米粥。但是她能记得许多年以前我们在汇泉广场吃的那碗酸辣粉和煎饼果子。

我问，为什么？

她说，人应该学会筛选回忆过日子，时常拿着小筛子把以前不好的回忆筛出来，扔掉。美好的事儿会推你一把看见更好的世界，坏情绪会把你拖入深渊，可是，选择权在你。

许多年以前我们在汇泉广场吃的那碗酸辣粉和煎饼果子，为什么记得那么清？那天我们坐在排挡的大伞下，她问，你喜欢吃酸辣粉吗？

我说，喜欢。

她问，你喜欢吃煎饼果子吗？

我说，喜欢。

她问，你喜欢我吗？

我说，喜欢。

她笑了笑，说，你说的，喜欢是要负责的。

才知道中了她的圈套，我笑了笑，那大概是我唯一一次说喜欢，至今我没有改变想法，所以往后我再也没有跟她说一句我喜欢你。所以，我也记得这美好，从那一天起，我的世界里除了太阳以外，又多了一束光，叫目光。

她不记得任何一场吵架的由头是什么，但是她记得我第一次给她包的水饺是猪肉白菜馅儿的，第一次给她买的蛋糕上面有两颗樱桃，第一次带她去吃的餐厅招牌菜是香煎鲅鱼。

我问她，为什么你不记得那些伤心的事？

她总是反问我，能用好吃的解决的问题还是问题吗？

你看，记性不好真好，可以开开心心在一起了。其实，爱就这么简单，常常让你忘记去讨厌一个人，可是，刚刚，明明那个讨厌的人把自己气哭了，可是，刚刚，明明那个讨厌的人做了一大桌子好吃的。

我们总有千奇百怪的麻烦，一件接一件，但是我们也井然有序地幸福着，伤害的背面也藏着激烈的爱。现在你应该知道了吧，一个姑娘嫁给你，别让她伤心，那该就是你给的最大的福报。真心说句，人家姑娘不缺你那仨瓜俩枣的零花钱。

4

瓜瓜也很庆幸，她终究还是选了自己的馒头，她把馒头嚼得特甜、特开心。她闷葫芦一样的老公，其实偶尔也会有惊喜的，比如看到有酒促销，就买了一大箱子，然后跟瓜瓜说，快递一会儿到家，你签收一下。

瓜瓜问，你又瞎买什么呀？

她老公笑着说，周六啊！喝大酒，聊大天，喝多了，抱着睡觉。

没有谁天生就适合婚姻，关键是找对了那股劲，你爱对方的那股劲在哪里，你的欢喜就在哪里。

我问媳妇，如果在这个世界上只选一种食物相依为命，你会选什么？

她说，火烧啊！

我问，为什么？

她笑着说，你爱吃啊！

我着急地解释说，是让你选，选一种相依为命的食物。

她说，火烧啊！

我说，为什么啊?

她依然笑着说，你爱吃呀!

其实，我从来没有告诉过她，自己爱吃火烧。我爱火烧千奇百怪的馅儿：白菜豆腐、海带、土豆丝、茄子、麻辣鸡块。我爱吃火烧，最主要的原因是，泰山火烧一块五一个，便宜。一个姑娘死心塌地嫁给你，你就该挣钱养家，姑娘负责貌美如花。这世上有两朵花最美，一个是你喜欢的姑娘有钱花，另一个是你甘心情愿省点花。爱就是这么简单。我记得很多年以前，我妈也跟我说过，她最爱吃鱼头，我真的以为我妈爱吃鱼头，每次烧鱼，我都开心地给我妈留着鱼头，而且以为了很长一段时间。

她的选择里一直想着我，在这个我的选择里也藏着她。其实，我们每一个人去爱另一个人，都有我们自己的方式，你可能不理解，但那就是他的方式。

我们一定不是那个爱里唯一的怪人，这种怪人我们身边很多，我们彼此关照，彼此是对方眼里的怪人。越夜越凉，那就火锅煮面；越夜越凉，那就点灯补衣裳；越夜越凉，那就思念挂南墙。总有一种暖，蘸着大酱，进入梦乡，一口一口吃得喷喷香。

你那么可爱，我只想跟你结婚

1

离开北京之前，我每天下班会走 15 分钟左右回出租房，从慈云寺走到甘露园小区，会在楼下的排挡吃小碗蒸菜或者麻辣烫。麻辣烫店的老板娘挺可爱，第一次吃的时候，我问她，有麻油吗？

她说，没有。

第二次去吃，她笑着跟我说，今天周四，优惠 10 块钱。一大碗麻辣烫从厨房里端出来的时候，她问我，麻油加多少？

我笑着说，你居然记得呀！

第三次去吃，是我离开北京的前一天晚上，我点了 14 块钱的，身上的现金只有 12 块钱。她笑着说，下次来了再给吧。

我笑着跟她说，没有下次了，我明天要回家。

她说，总归有机会的，不急，你先吃着。

我说，扫二维码支付吧。我一边扫码一边又说，大概不会回来了。

那天是我下班以后，说话最多的一次，其实每天，我回到出租房都是戴着耳机听歌，我是一个习惯了深夜的人，却特别怕安静。当耳朵里充满声音的时候，我才觉得这世界一点也不孤独，尽管我孤独地生活在北京。

在北京的出租房里，两室一厅，被隔成四室一厅，我住其中一间。我上班晚，回来得晚，在住了一个多月的时间里，我跟他们没说过一句话。在我们建立的微信群里，我只发过两条信息，一条是交电费的红包，一条是修洗衣机的红包，北京这座城市节奏真快，快到我们来不及说话，大家都挺忙的。所以，我们更注重效率，有事说事，没事不打岔。

所以每次下班后，与我说话最多的人，大概只剩下楼下大超市里排挡里的小碗蒸菜和麻辣烫。麻辣烫加麻油，是我媳妇的习惯，所以在北京，我也多了这么一个习惯。尽管对面没有坐人，但是碗里加了麻油，就感觉很好吃。

我怎么可能孤独呢？ 24 小时便利店里有啤酒和成盒的辣鸭脖、

腐竹、海带，老家有漂亮的小媳妇和即将出生的儿子，耳朵里正放着"斑马斑马你为什么不说话"，可是那时候我却要储备土豆卷饼、茴香鸡蛋馅儿包子过夜，我怕突然被饿醒，原来那就是孤独吧。

一个人，结婚时，爱情跟我说，好好吃饭，才有力气照顾好他们娘俩。

你要学会珍惜爱情给你的每一次胜新婚的小别，你要学会享受再次重逢，珍惜眼前人，你要信守承诺远走他乡，你要载满欣喜荣归故里，那些分不开你的离别只会让爱情越来越强大。唯一一次孤独给你的忠告：如果你去航行，尽可能带着爱和满天星光以及你喜欢的姑娘。

2

毕业吃散伙饭的时候，大伙就调侃南妮：毕业不分手，异地绿成狗。她当着所有朋友的面亲了她男朋友足足 10 秒钟，大伙起哄。她说，今儿，我把这个吻拍在这儿，要是我们分手了，我就请大伙喝酒！

过了有三年多，我们大伙喝了这顿酒，不过这酒名字好听，叫喜酒。

我问南妮，怎么一个人扛了三年？

她笑着说，我怕我一个人请不起大伙喝酒，所以找个人陪我埋单啊！

其实这段异地恋，想想就心酸。我还知道南妮一个故事。有一年过年，我没有买到车票，去沂水转车，到了沂水中午 12 点左右。刚好那趟车下午 3 点多才发车，我就给南妮打电话说，给你一个机会请我喝酒。

她问，你在哪里？

我问，你在哪里？

她说，我在家啊！

我说，5 分钟我出现在你家门口，还是你出现在老车站门口？

她骑着电动车来找我，我们就在车站边的餐馆坐下。我问她，现在好吗？毕业后，我们很少联系了。记得以前路过沂水我都会给她发短信：正在路过沂河大桥。后来那座老桥修了，我再也没有路过。

她笑笑说，我们分手了。

我问，多久了？

她说，两个多星期不联系了。

我问，为什么？

她说，累了。

我说，你心思活泛了吧？是不是身边出了一个暖男？

她疑惑地看着我，问，你怎么知道的？我就想找一个知冷知热的，能随时出现在我身边，能够给我生命带来惊喜，愿意让我为他等待的那么一个人。

我说，那你要的不是一份爱情，而是一份生活的保障，你要的是播报天气预报的，3公里以内送外卖的，刮风下雨送快递的。异地恋怎么了，难道天下的情侣都是老乡吗？其实能够打败异地恋的有两种方式：努力赚钱在一起，大路朝天各爱一边。

她笑笑说，貌似第一种更有意思一些。

相比较天天腻在一起的爱情，我更喜欢异地恋。那种遥远的相似性，很容易让你感动。她在南方的艳阳天里吃着雪糕，你在北方的寒夜里撸着烤串。想看电影了，来不及，就买并排的座，你在你的城市我在我的城市，而我们在一起看电影。想吃火锅了，你来一个单锅，我来一个单锅，隔着城市多加辣椒一起吃。

南妮问过一个问题，我为什么要在手机里养一个宠物？

我当时回答，我们为什么爱着黑夜里遥远星空的那么一点亮？因为，那是我们想去的地方。

南妮说，大概，我爱上了那一种慢慢靠近的感觉。心里装着一个里程器，只要我努力工作一天，它就提醒我，距离你爱的人还有 500 公里；只要我又加班了一次，它就提醒我，距离你爱的人还有 499 公里。那 1 公里让我觉得，我离越来越好的自己又近了 1 公里。

我笑着说，往后我们有大把大把的时间在一起，反而现在，我们隔着山海遥望值得珍惜，因为我们都把那个最拼的自己给了对方。

南妮问，万一以后分开了呢？

我说，你努力过，他努力过，一定不会后悔。我们亲手让对方变得更好，这就是我爱你的意义，在一起只是一种形式。你看，那黑夜里的星星多遥远，可是我们孤独的时候，一抬头就会看见，心里宽慰。往后我们会遇到很多麻烦，可是一想起生命中遇见过那么一个贵人，整个人都会精神饱满。你不必担心遗憾，你得到的永远比你失去的要多。

一个人异地恋时，爱情跟他说，别担心，我们很快就在一起了。

你要学会接纳爱情给你的所有刁难，就像接纳西红柿炒蛋放糖，豆腐脑加了韭花酱和香菜末，煎饼卷了大葱蘸酱。感情的软肋和盔甲翻来覆去就是信任，你信就愿意让她任性下去，你不信就让彼此猜忌分开认命。你越过山海去看那一张笑脸，还有比这更兴奋的事吗？

3

橘子姑娘分手后，问我，怎么用最快的速度去忘记一个人？

我说，不用去想怎么忘记一个人，一忙就忘了。

橘子姑娘说，你瞎说。

后来有次赶巧我们一起参加一个活动碰见了，不知道怎么聊起往事。橘子姑娘说，从餐厅出来的时候，他往南，我往北，我等他先走，他的背影告诉我，不用追，也不必追，我居然没哭。我在街角的店买了一条叫作"八月"的热带鱼，买了一盆叫"二十一"的薄荷。对，我们分手的那天是 8 月 21 号。我还报了英语培训班，买了一本厚厚的书叫作《百年孤独》，听了好多好多首情歌，最好听的是《一辈子孤单》。我还打算去旅行，迷失在地图上我喜欢的每一个角落，我吃了很多美食，最爱吃的还是延安三路广场那里的炸鸡。一下子，有了那么多的时间，我很开心。

我问，现在呢？

她笑着说，"八月"没有熬过冬天，死了，薄荷忘记浇水，也干死了，雅思考过了，又考了注册会计师，现在保持每周看一本自己喜欢的书，听民谣，去了云南丽江、厦门鼓浪屿、成都、北京、南京，吃了米线、火锅、炸酱面和盐水鸭，喝了奶茶。原来我一个人就可以活得那么开心，为什么当初死乞白赖地谈恋爱？

我问，他呢？

她说，他啊，挺好的。

我问，你现在怨恨他吗？

她笑着说，对于前任，积点嘴德，那是对爱情最好的尊重。他挺好的，一句评价就够。旧事不提，旧景不恋；旧的腾空，新的补位。这就是我们为什么一直相信，走起来去更远的地方，一定有最好的等我们。

我问，遗憾吗？

她笑着说，以前很不甘心，我怎么就失恋了？我对他那么好。我花了大把的时间去想，我究竟哪里错了。

我说，你认为对一个人好，很好，特别好，他就一定开心，那是你的方式，未必是对方喜欢的方式。你对一个人太好，反而让他觉得太压抑。比如我对你好，不求回报，但是对方有压力，总觉得可能有点亏欠你，爱的合适的力度应该是彼此都刚刚好。一开始恋爱的时候，我们都会犯爱得太用力的错，就是总觉得我对别人好，很好，特别好，就会有收获，其实不然。

她笑着说，现在释然了。我跟他不是门口的对联，他在左我在右；不是门口的石狮子，我在右他在左。我们就是朱门前的过客，他往左我往右，只要大步往前走，我们都有我们想要的。

一个人分手时，爱情跟他说，大步往前迈，喝酒就肉多销魂自在。

你要学会释怀爱情给你的所有伤疤，像是原谅一只夜猫打翻了花盆，原谅私房红烧鱼里加了你不爱吃的葱花，原谅那个年轻为爱疯狂的自己。你漂亮地活着，像夜晚抵达一座新的城市，你路过水果摊、小卖部、烧饼店、大排档，你看见旅馆的招牌写着：没有到不了的明天，睡一觉醒来就是。

4

悦悦暗恋卡卡是我们大伙儿都知道的事，唯独卡卡不知道。有时候，悦悦不在的场合，我们就问卡卡，是不是装傻？

卡卡说，我总觉得，你先拥有一些东西，才敢拥有一个喜欢的人，这逻辑，我深信不疑。

我说，你不怕错过吗？

卡卡说，我不怕自己没福分娶到好姑娘，我怕好姑娘因为我一句我们在一起吧，就赌上一辈子，这事太傻！

那时候大一，悦悦特忧伤地说，万一大学四年都没人愿意跟我谈恋爱，那岂不是白上大学了？

卡卡笑着说，不白上，你不是还认识我吗？

悦悦说，你又不娶我！

卡卡笑着说，要是没人跟你谈，我就娶你。

悦悦问，真的？

卡卡说，我开玩笑呢。

说来也奇怪，悦悦有两次差点就谈恋爱了。第一次，悦悦差点就跟那个男生牵手了，卡卡突然从他们两个人中间跑过去，还回头说，悦悦，晚上我在餐厅等你。悦悦一头雾水。第二次，悦悦差点就跟那个男生接吻了，一个篮球就飞了过来，卡卡在远处大声喊：把球扔过来。悦悦又是一头雾水。

这四年还真奇怪，悦悦真的就没有好好谈过一次恋爱。她把时间都用在跟卡卡在一起了，去图书馆、看电影、踢球，甚至一起吃学校食堂的小碗红烧肉和牛肉丸子砂锅。她觉得卡卡简直是她的恋爱克星。

我跟卡卡说，喜欢你就明说啊！

卡卡说，太熟了，怎么说？

我说，不好意思，你可以发短信啊！

卡卡跟我说，她有我手机号码，你说我是不是应该重新办一张卡？

又回到十二月的傍晚，悦悦沉浸在故事里面，我点了一碗阳春面，听她把故事讲完。她说那个夏天的西瓜好甜，有风吹着她的脸，像是第一次遇见他时触电的感觉。想起手机里还有一封未读邮件，打开看，第一句是：你那么可爱，我不想跟你谈恋爱，我只想跟你结婚。

悦悦说，很奇怪，这个号码给我发了四年短信，我都跟他说了，他发错了。

我问悦悦，现在跟卡卡还有联系吗？

悦悦笑了笑，指给我看她手上的戒指，说，他真的有说到做到哦，他要娶我。

一个人，暗恋时，爱情跟她说，我开玩笑就是我爱你啊！

你要学会争取爱情里哪怕唯一一次的可能，这爱啊，从来不会辜负每一份表白。欢喜或者遗憾都是一份礼物，你都会回头感谢那个大胆的少年或者姑娘，因为你一张口，往后你的人生充满了惊喜，你一定会在那一次张口里，找到你人生一直在寻找的意义。

5

所以后来，我说，孤独和寂寞是两码事，孤独是一个人的饱满，有酒有肉就行，寂寞是一个人的发慌，非要谈情说爱。许多道理我们心里明白，却偏偏挑自己喜欢的听，硬是拿自己的方式去抵抗反感的情绪，甚至赌上眼泪都死不悔改。

我们花了太多时间在爱情本身上，却忘记了爱情是两个生命体在对话，是你和我，你有你的小情绪，我有我的小世界。城市是一个几百万人一起孤独地生活的地方，你说，谁心里没那么点爱？可是，很多时候，爱情就是缺席的，那时候你要好好照顾自己，好好吃饭。你猜，那个时候，爱情会跟你说什么？

你真好看，好想娶你怎么办?

1

一朵坚持不婚主义，这一点我跟大勇都知道。

一朵问，为什么现在越来越多的人选择了单身?

我知道，所谓的单身大概两类人居多，一类是被爱伤得无力还手，索性绝望;另一类是没有尝过爱的滋味，但是听过太多悲伤的故事。一朵，属于前者，她失恋过两次，痛彻心扉的那种。

我反驳一朵说，谁告诉你单身的越来越多? 你去民政局门口看看，不管刮风下雨，排队的人少过吗?

一朵反驳说，结婚就是两个人互相饲养。

大勇说，单身贵族的谎言听多了就会被催眠，最后自己就开始相信，我也能过好一个人的生活，一个人吃饭，一个人听歌、看电影，一个人旅行，这孤独的日子多美啊，自由。是啊，一个人生病发烧差点挂掉，一个人过电闪雷鸣的夜晚，一个人突然半夜被饿醒，这三件事一个晚上发生，这孤独的日子美不美，自由不自由？

　　一朵固执起来的那股劲儿有时候很吓人，中联广场有一家烧烤店，以前我住宁夏路那会儿常跟一朵、大勇他们去吃。一朵只吃右翼，对，鸡翅右翼，我跟大勇觉得这姑娘太奇葩了。她觉得右翼保守、瓷实、筋道，她就喜欢。

　　我就纳闷了，她是怎么分清楚鸡翅左翼右翼的。

　　那天她点了很多菜，毛血旺、水煮肉片、辣子鸡，全是辣的，辣得大汗淋漓，还直呼过瘾。

　　我看不下去，递给她餐巾纸，说，要不你还是哭一下吧。

　　一朵说，我为什么哭啊？

　　我说，你不哭弄得我跟大勇都很紧张。

　　一朵说，你放心，我再也不会哭了。我要把从眼里流出来的泪，从额头上当汗冒出来。你俩快吃啊，很辣爽的。

　　我跟大勇松了一口气，开始夹菜，我的菜还没有送到嘴边，一朵突然哇地一下哭了。

大勇说，就知道，你心里藏事了。

是的，一朵失恋了，准确地说，是失恋的头七。她刚刚结束了一年的恋爱，无精打采像是丢了魂，头七这词好，尤其是给失恋，指不定是还魂夜呢。

大勇说，有啥好哭的？

2

我们毕业那会儿穷，特穷，租毛坯房住，自己去二手家具市场买床，那时候我跟大勇合租，一朵单独住，我离开烟台以后，就大勇自己住了。

有回晚上，大半夜，一朵给大勇打电话，一边委屈一边哭着说，我家床塌了，去你家睡觉，好吗？

大勇说，你来吧。

上学那会儿，我们仨关系特好，只要我跟大勇没钱了，一定找一朵蹭吃。去了食堂随便招呼，什么红烧肉、小鸡腿，都吃。其实后来才知道，一朵也穷，内疚过很长一段时间，所以我跟大勇有钱的时候，也舍命招呼一朵，什么水煮鱼、毛血旺，都吃。

一朵去了大勇家，一开门就说，我饿。

大勇说，我还有剩下的卤肉饭，你吃不吃？

一朵说，吃。

大勇问，你眼睛怎么那么红？

一朵吃着吃着就突然哇一下哭了，一边哭着一边吃，大勇从一朵手里把卤肉饭的碗拉过来，说，伤心的时候吃饭不好，你先哭吧，哭完再说。

一朵哭得更起劲儿了。

大勇说，有啥好哭的？

一朵说，我饿。

大勇说，那就擦干眼泪，好好吃饭，睡个好觉，天一亮，满大街都是男人。

大勇跟很多姑娘一起睡过，一张床上睡过，别想太多，对，中间画一条线，过来就是禽兽的那种睡。大概那时候穷，所以跟很多姑娘一起拼过床。比如，在烟台考导游，跟好朋友一起，是个姑娘，去了考场附近一打听，要么住满要么就是死贵，姑娘问，来一间怎么样？大勇说，没问题。

大勇也确实让人放心，五好青年一个。

反正大家熟，好朋友嘛，纯得跟净化水似的，大家就这么心安理得地睡了。所以大勇见过打呼噜、说梦话、伸胳膊、踢腿的姑娘。他说，唯独有一次，动心了。

3

以至于后来，大勇家简直就是一朵的失恋避难所。失恋那会儿的一朵，特能吃肉，脸也变得有点肥嘟嘟了。

我跟大勇说，你太歹毒了，万一有天一朵嫁不出去，你来收场啊？

一朵说，悲伤就那么多，以前肉少，现在肉多，这样平摊到每一块肉上的悲伤就变少了，果然，吃是可以治愈失恋的悲伤的。

有回一朵在沙发上喝多了，大勇就自言自语地说，第一个知道我的秘密的，是你亲手送我的圆珠笔。它好怪啊，半夜偷偷起来，写了一句我喜欢你，那个"你"字落笔后是你阳光里的微笑。一想起你笑，整个人都开心得差点疯掉，我怕我会真的疯掉，于是我就把那支笔关禁闭了。

一朵抱着酒瓶子翻了一个身，还嘟囔着，我要喝，我要喝。

大勇说，你知道，你每次失恋，我为什么特爱做洋葱酥卤肉饭给你吃吗？那洋葱好怪啊，非得哭，我每一次都要安慰洋葱，你别哭了，每一次都劝不好。洋葱说，你看你看，我都碎成这样了。那又有什么可怕，卤肉身上全是你的味道。

一朵突然又呜呜地哭了。

大勇说，有啥好哭的。

一朵说，我饿。

大勇说，你想吃啥？

一朵说，洋葱酥卤肉饭！

有回，一朵捧着一盆多肉植物来找大勇，大勇看着愣了好大一会儿，问，什么意思？

一朵说，怕你孤单，给你找个伴，我要出差一段时间。

大勇说，我养不了花花草草，我记性不好，老忘记浇水。

一朵说，它很好养活的。

大勇说，要是你回来之前，死了，怎么办？

一朵恶狠狠地说，简单，一命抵一命。

大勇说，那我宁愿孤独，你拿回去吧？

一朵说，我不。

大勇说，万一我半夜饿了，起来，拿俩辣椒把这个多肉炒了怎么办？

一朵突然很疑惑地看了看多肉，问，对啊，多肉啊，小辣椒一炒，是不是很好吃？

大勇说，要不现在试试？

一朵说，你就不明白我什么意思吗？

大勇说，不明白。

一朵突然急了，说，张大勇，你太欺负人了！

大勇呆呆地看着一朵委屈的样子，突然想笑，其实，一朵生气的样子很好看，她爱噘着小嘴，以后大勇每每回忆一朵生气的样子，就想吻她倔强的嘴。

一朵说，我是告诉你，栽我手里好吗？

大勇说，可是我不会开花，怕你不喜欢啊！

一朵说，想起以前真好，失恋了就跑你家躺在沙发上哭，打开你家冰箱喝冰镇的啤酒，吃你给我做的卤肉饭。你也不安慰我，就任由我看着电影，喝醉了，把沙发弄得到处是油。可是，有一回，你好奇怪啊。

有些东西很奇怪，明明是痛苦的事，却很开心。明明可以躲得过，偏偏要迎面撞上，偷偷喜欢一个人这事，说破天，也不丢人。

你没见过山谷里有一朵花开了，它对春天说了什么；你没见过秋天麦田里稻草人身上站了一只乌鸦，它对秋天说了什么；你没见过小雪人在阳光里融化只剩下胡萝卜大鼻子，它对冬天说了什么；你没见过我，跟你说声我很喜欢你，这很正常。

4

一朵问，你为什么不谈恋爱？

大勇说，认识一个姑娘好麻烦的，要跟她介绍自己的过去。讲去过的远方喝的马奶酒，讲夏日良夜里撸的一桌好串，讲喝得烂醉唱得跑调的情歌，讲她未来得及赶上的一切一切过去的日子。

一朵说，可是，爱就是这么麻烦啊！

大勇说，可是，我所有的事你都知道啊。

一朵学人家网上说，倘若你看上别家姑娘，告诉我，我帮你提亲。她若不应我便屠她满门，她若应了便只杀她一人。

大勇笑着说，你那么好看，万一看上你，想娶你怎么办？

一朵说，我死给你看。

大勇笑了笑说，快吃鸡翅吧，趁热吃。

一朵说，你记不记得你以前很笨的，要跟女孩表白，问我，把戒指藏在鸡翅里，好不好？你说，那么油怎么戴？

一朵咬了一口鸡翅，突然啊呀一声，说，什么啊？硌牙！

她扒拉开鸡翅一看，居然是一个戒指，然后突然就哭了。

大勇很担心，说，是不是硌疼了？

一朵说，都说了多少遍了，那么油怎么戴？她一边哭着一边给自己戴上，突然破涕而笑，说，哈哈哈，还挺合适，给谁买的？

大勇突然摊开手掌，捧着自己的脸，笑着说，你看我像一朵花不？

一朵说，臭美。

大勇说，你快张开手啊，我要栽你手里，你快点啊，我要开花了。

一朵突然一下子就哭了，号啕大哭那种。

大勇说，有啥好哭的？

人这一生，会有很多的决定，后悔的、开心的、遗憾的、冲动的，但是唯独结婚，它是一种仪式交接，你承认了你对面穿着婚纱的姑娘，那就要好好对她。这是你的选择，你一定要善始善终。

一朵坚持不婚主义这一点，我跟大勇以前都知道，现在，她结婚了。

5

这婚姻真美好，我不止一次劝过身边的朋友，结婚吧！那是生命里最有趣的一场历练，比任何一件事儿都刺激，我们会在婚姻里找到为什么那么拼命去爱的真谛，我们会在婚姻里找到平平淡淡的福分。

我比大多数人的恋爱经历都长，我谈到第7年结婚，谈到大多数人以为爱情无滋无味开始痒了吧，谈到大多数人以为婚姻只是一种形式，我结婚了，比任何人都兴奋。喜欢了7年的姑娘，从此一生都属于你，这事至少应该乐呵好多年吧！

好多朋友问过我爱情保鲜的秘诀是啥，为什么我结婚了，比以前活得更有趣了，7年恋爱经历，到现在，我终于结婚了，就攒了四个字送给你们，这世上，没有爱情永远保鲜的秘诀，但是有一件事可以延缓爱情衰老，就四个字：好好说话。

无论多么相爱的情侣，都逃避不了琐碎生活矛盾升级，吵得不可开交，有的床头吵架床尾和，有的吵到分居、离婚，其中多数情况就是：话赶话。大家都在气头上，你一句我一句，越吵越凶，互揭老底，

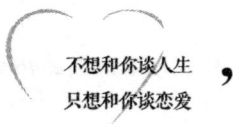

大打出手。其实只要记住一件事，这日子就过得很带劲儿：永远不要和老婆讲道理。你赢了老婆能咋地，你这么有能耐，你怎么不上天呢？

所以归根结底，好好说话就是婚姻之道，依照我的性格，吵架我总是慢半拍，我媳妇就感觉到难以棋逢对手，不能畅快淋漓，绝对是气势上的碾压，就感觉吵架没劲儿。

有一回，我跟媳妇吵架，她刚说完一句，我按照网络攻略，准备一把拉怀里亲一下，结束一场家庭战争，有时候一个吻很关键，刚拉入怀里，我媳妇说，你是不是想亲我？

你知道你精心设了一个甜蜜局，被人剧透的感觉吗？

足足愣了10秒，然后两个人笑得前俯后仰。

有一回，我跟媳妇吵架，场面已经失控，我按照网络攻略，准备找不值钱的玻璃杯子往地上一摔，最主要是声音够大、够响，能镇住媳妇，镇不住的话，你跪玻璃碴子上，媳妇也原谅你了。我刚举起杯子，还没摔呢，媳妇就说，你是不是要摔杯子吓唬我呢？还摔杯为号呢，你是想起义呀？

我说，没，没呢，我就是怕你说话太多嘴干，给你倒杯水？你是喝凉白开呢还是黑咖啡？

还有一回，我跟媳妇吵架，后来相互不搭理。我看见媳妇在收拾衣服，一件一件往行李箱里放，我心想，这是要离家出走啊！咋弄啊，关键是刚才互相放狠话了啊，谁搭理谁，谁是孙子。管不了那么多了，我就跟媳妇道歉，我说，你别走了！我媳妇说，我没要走啊！我说，你不离家出走，你收拾衣服干吗，吓死我了。我媳妇很淡定地说，哦，就是闲着没事，收拾一下，洗洗衣服。然后我就凌乱了。

你永远不知道媳妇挖了多少个坑等你呢，但是，相信我，你一定会掉坑里的。

有千百种欢喜可以归纳，一个字是：吃；两个字是：睡觉；三个字是：你的名字。最最欢喜的是，我想吃和睡觉都跟你在一起。所以，喊一声你的名字，我要娶你，你敢答应吗？

哎，不说了，说多都是泪。这就是婚姻啊，所有的泪大概都是喜极而泣，所以，你要不要吃一碗洋葱酥卤肉饭啊！那洋葱，它好怪啊！

有一句喜欢，不知道当讲不当讲？

1

夏天的时候，我跟木希在南京路一家烧烤店里聊天。她执意要点芒果酸梅鸡，她说，王君最爱吃芒果和鸡了，这道菜简直是把他的挚爱串成一串，串一个同心圆。那天我们俩去得最早，其余的两个人还没到，我问木希，你是不是喜欢王君？她说，怎么可能，要是喜欢的话五年前就在一起了。

五年前，我接到一个面试电话，然后我带着简历去了，在一个十几平方米的办公室里，她跟我说，算起来我应该是你师姐。那是我第一次见木希，一个很漂亮的扎着马尾的姑娘，然后她带着我去运营部门，她给我介绍，这是王君。

我在王君的旁边坐了有一年，后来我离职，我们一起在南京路吃烧烤，那时候我们已经成为很好的朋友。我也依稀知道木希跟王君的一些故事，往前再数几年，他们最接近爱情的一次是在毕业的散伙饭中。那天，木希喝得有点大，她说，我不想一个人去实习，太孤单了。王君说，那我陪你好了。

说起木希跟王君的交情，应该从军训开始算起，那天气温有点高，38℃多，爱情里叫作一见钟情的温度，站军姿的时候木希大概是中暑了，突然晕倒了，就在大伙还在发愣的时候，王君二话没说抱起她就跑到医务室了。木希隐约觉得那天有一阵风，好凉爽。

她醒来，看着王君拿着扇子不停地扇冰激凌。她问，你干吗呢？王君笑笑说，我怕它化了，不好吃了。一下子萌得木希一脸血。王君递给她冰激凌，然后笑着说，你好，我叫王君。徐志摩说过，最是那一低头的温柔，像一朵水莲花不胜凉风的娇羞。往后，木希回想起那个夏天，她觉得有两种声音最悦耳，蝉鸣和那一句你好。

他们俩成了很好的朋友，木希觉得王君一定是上天派来爱她的天使，就像至尊宝可以拔出紫霞仙子的宝剑，却不曾想他是猴子搬来的逗比。有次邻班一个男生当面向木希表白，她觉得王君一定会拔剑杀了这个愣头青情敌，嗯，王君确实拔了，不过是拔腿就跑，跑的时候还一路狂笑，那魔性的笑声，木希想起来，都是哈哈哈哈。

你说，友情好怪，彼此互损互黑，却愈分不开。从毕业实习到转正，他们在一家公司待了整整五年，木希想起毕业散伙饭那天的一句玩笑话，她说，你还能陪我一辈子啊？王君说，试试吧！至少可以等你嫁人。木希说，那我嫁给你好了。王君说，怎么可能？我们可是最好的哥们儿啊。

那天的木希喝得不至于太大，酒不过是一个道具，她送王君打上车，出租车远去，她扬起手说，我喜欢你，再见。

那是青春的一场告别，连同木希心里仅存的一点勇气一起消失了。她看着那辆出租车走远，像是看见那个深深暗恋的少年走远。她无能为力，只能说句再见，她以为说完再见，总会有机会再见，因为我说了再见，所以往后你要赴约，必须来见我一面。可是木希对着远方的车喊的，那车里的人怎么能听得见。

所以，"我喜欢你"，在我们毕业散伙的那天，用一句"再见"代替，等过几年，是不是可以攒够一些勇气，重新让这一句"我喜欢你"杀回当初的青春分割线？有无数个机会说出那句喜欢，偏偏每一次都咽回去，以为总有机会的，可是机会过一次就少一次，木希连喝醉了酒都不敢说，什么时候还敢说？

木希扬起手说，我喜欢你，再见。

其实这句再见，她多想说给那个胆小的自己。

木希蹲在路边，突然想起很久以前，她问王君，有一个男生向我表白怎么办？

王君说，喜欢就答应啊！

木希说，可是，我喜欢的男生他却不向我表白。

王君问，你傻啊，可以跟他表白啊！

木希问，那如果是你的话，你怎么表白？

王君说，我喜欢你。

木希问，就这么一句？

王君说，对啊，喜欢，多简单的一件事儿，整那么复杂干吗？你准备千言万语，弄个跟宣誓演讲似的，最后还不是总结一句话：我喜欢你。绕那么多大的圈子，太累，喜欢就直说。你说一句，我听听语气，对不对。

木希说，女孩子要矜持一些，我不说。然后木希红着脸跑开了。

为什么当初不顺水推舟说声：我喜欢你，那个时候说，就算被拒绝了，应该也不会尴尬吧！

2

后来，木希说，他们以为那不过是一个游戏，而那却是我的初吻，往后我整个的青春都跟他系在一起了。可惜，名分是最好的哥们儿，可是，我是一个姑娘啊！

那个吻印象很深刻，她记得那天王君玩游戏输掉了，大家起哄大冒险，她帮王君解围。木希就扬起了脸，她应该闭上眼，可是她没有，她想记住生命里第一个吻她的少年。王君还挺认真，闭着眼，那天木希见过最美的风景是两排长长的睫毛。当然还有，那天王君还请她吃猪排饭，小小猪排江中游，巍巍青山两岸走。

后来，木希说，我要嫁人了。

那天，我跟王君都在，我问，谁？我们怎么没见过？

那顿饭吃得异常安静，我们各自有心事。

王君说，要不，我们喝点？酒上桌，王君直接举起瓶子开始猛灌，两瓶下肚，我大概可以猜到他心里憋着话，酒不过是一个道具。

王君说，我……嗝……你。那一个长长的嗝也是醉了，我跟木希笑得差点钻了桌子底。

王君说，别闹，严肃点。

木希说，你刚才说啥？

王君又打开一瓶酒，我一把夺过来，说，你直说。

你知道他们多熟悉吗？9年的好哥们儿，如果木希半夜说饿了，王君立马会从24小时便利店买关东煮去见她，到她家都是热乎的。如果木希说我们去旅行，王君立马会收拾行李出现在她家楼下，他不是享受旅行的快乐，他是想如果路痴木希迷路的话，两个人至少不害怕孤单。对于木希来说，能随叫随到的除了外卖就是王君，关键是王君比外卖要快。9年，他们各自身边都有追求者，他们各自给对方留空，却都没有开口。或许，真的像木希说的那样，要是喜欢的话，五年前就在一起了，越久越熟悉，越不好开口。

王君说，我就问一件事，你真的要嫁人吗？

木希说，嗯。

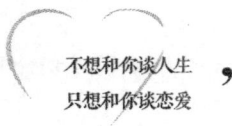

　　王君突然哭了，说，9年，近水楼台先得月，我真是一只悟性很差的猴子，我偏偏在水里捞了9年月亮。反正你也要嫁人，往后我就不陪你了。来，我们干一杯。说完，王君哭得更厉害了。

　　木希说，你哭啥？

　　王君说，你说哭啥啊，非要直白给你翻译一下，我，王君拍着自己的胸脯，很坚决地说，我，喜，欢，你。那一字一顿，字正腔圆，掷地有声。

　　木希说，可是，我要嫁的人是你啊！你愿意娶我吗？

　　王君突然笑了，说，你说什么？我没听清，你再说一遍。

　　木希说，你，愿，意，娶，我，吗？

　　王君没说话，他只是突然一下子坐到木希面前，然后笑着去亲她。这一次，木希闭着眼，我猜，那天王君见过最美的风景是两片红唇，当然还有那天我们点的大份的芒果酸梅鸡，把你的心我的心串成一串，串一个同心圆。

　　我多希望，这一切都是真的。

　　可惜，那天王君什么话都没说，一直喝。喝到凌晨2点，木希问，你还有话要说吗？

王君只是笑笑。

木希说，那我走了。

王君说，我送送你。

我们一起下楼，然后帮木希打上车，出租车走远，王君招了招手，突然冒出来一句，我爱你，再见。

王君的那句再见，应该是再也不见的意思。他不好意思说出我爱你，于是把喜欢的人拱手让人，于是多年青春暗恋成伤，自己捂着伤口。他见不得自己喜欢的姑娘以后会披上别人送的婚纱，会被另一个男人盘起长发。可是，这一切很快就会成为现实。

王君问我，为什么到最后还是没有憋出那句我爱你？

我说，你心里怕，怕拿不准对方的节奏，你怕一张口，9年多的情谊可能就消失，最后多尴尬。所以无数次你只是试探，一碰就收手，如果十拿九稳，你早说出口了。

王君说，哪一种失去更难过？

我说，都不难过，她嫁人了，你失去她，那是她的幸福，你应该举杯祝福。你表白失败了，你失去她，那是给所有青春的一个答卷，因为你无非最后要的就是一个答案而已。

王君说，可是，我想喝的是那杯交杯酒，不是她的喜酒！

我说，无论哪一种结果都是失去，你赢的机率很低很低，反而我觉得适合搏一把。

王君蹲在路边，点了一支烟，他想起很久以前，木希在教学楼的楼道里，问他，有一个男生向我表白怎么办？

王君说，喜欢就答应啊！

木希说，可是，我喜欢的男生他却不向我表白。

王君问，你傻啊，可以跟他表白啊！

木希问，那如果是你的话，你怎么表白？

王君说，我喜欢你。

木希问，就这么一句？

王君说，对啊，喜欢，多简单的一件事儿，整那么复杂干吗，你准备千言万语，弄个跟宣誓演讲似的，最后还不是总结一句话：我喜欢你。绕那么大的圈子，太累，喜欢就直说。你说一句，我听听语气对不对。

木希说，女孩子要矜持一些，我不说。然后木希红着脸跑开了。

王君对着木希的背影说，我喜欢你呀，傻瓜！他所有的勇气不过就是等木希跑远才敢说，为什么越熟悉的人越不好意思说出那句喜欢，因为总觉得说那句话像是玩笑。

可是，王君不知道，木希跑过楼梯的拐角，她背靠着墙，听到了那句话，那一瞬间，她觉得从楼梯口的窗户，刮进来一阵风，好凉爽。那一瞬间，木希觉得心上开了一朵花，在那一阵风里，摇摇晃晃。她转过身对着楼道里的王君大声喊：我也……。那时候响起了上课的铃声，丁零零，有些话，就被藏在了丁零零的上课铃声里，王君跑进了教室。

有些人，注定就是你人生路上，只配错过的。有些话，注定就是人生里，永远不敢说出口的禁词。

我问王君，要不要赌一把？

王君站起来，用脚踩灭了烟头，拿出电话，打给了木希。

3

虽然我很喜欢她，但是我不想让她知道，因为我明白得不到的东西永远是最好的。如果你仔细去想，真的，得到的都叫人生，得不到的才叫爱情，那种感觉会真真实实地抓挠着小心脏，难以释怀。

有很多朋友问我，为什么你写的故事都那么美好？

我说，那不过是千百个故事里，我只挑了一些配着良夜好入眠的。我听过太多悲伤、辜负、错过的故事，就让它到我这里为止吧。我不会告诉你，你最好也别问，我们不是逃避什么，而是深夜里有些事不宜提起。你温热一杯牛奶，我说一句晚安，这样遇见多好。

书上说，十年饮冰难凉热血，一场伤害不枉深爱，你知道他一定会来，等就好。无论当时经历了什么，至少爱过，从来没有骗过你。

我记得后来木希跟我说，我尝试过所有的努力，我不后悔。我问，那我们还点芒果酸梅鸡吗？她说，点，大份的，菜是无辜的。可惜他爱这芒果酸梅鸡多过我，往后我也只能在尝起时，跟自己说，以后不顺路就送到这里吧，你也保重，我也保重。这句话说给王君听，何尝不是说给那个年轻时候的木希听。

爱情这东西，只有自知，别人出啥招都不好使。那酸辣汤、小皮冻、香辣皮皮虾、那榴莲酥、水晶粉、苦瓜小炒肉，酸甜苦辣咸，各种滋味，拿筷子去尝尝。东西南北中，各种方向，迈开腿去走走。我们以前经常担心，长大后会跟谁在一起，那又怎样？爱情就像空手抓鱼，全凭造化，关键你还瞎操心，是水煮鱼好吃还是剁椒鱼头好吃呢？是糖醋鱼好吃还是清蒸鱼好吃呢？可是，你的鱼呢？

后来，我时常想起一首《越人歌》，山有木兮木有枝，心悦君兮君不知。那该是他们一生中最接近爱情的一次，从此以后，越来越远。

然后，木希的电话响起，她接起来，就听王君说了一句话：我有一句喜欢，不知道当讲不当讲？

谈恋爱二缺一，你捧个场呗？

1

跟你打听一个事儿，哪里有好吃的石锅拌饭？

五哥问的时候，我确实不知道该怎么回答，我很少吃韩国料理，仅仅只在两个地方吃过石锅拌饭。而且我觉得石锅拌饭是属于孤独系列的，适合一个人吃的那种。

我以前公司在香港东路跟海尔路交叉那儿，公司对面是一对小夫妻开的店，常年卖火烧，我最爱吃的是豆腐馅儿和海带，有时候也吃麻辣鸡块。那时候公司附近卖吃的的地方很少，于是公司就请了阿姨做饭。

那阿姨做饭真是赞，红烧肉、红烧小鸡腿，女生有时候都能下饭两碗。后来，阿姨的女儿坐月子，她就暂时回家了，又换了一个阿姨，这个阿姨很用心，第一天炒了 5 个菜，很丰盛的样子：土豆丝、土豆饼、土豆片炒韭菜、炖土豆块、炸薯条。我也不知道为什么，公司的女生突然都开始减肥了。

所以偶尔加班煮饭阿姨不在的时候，我们就愿意走有点远的路去吃石锅拌饭，我常吃的一种是牛肉石锅拌饭。牛肉很嫩，配着时蔬，偶尔碰到几粒米粘在石锅上，被烤成的焦黄锅巴，开心不已。

后来我搬家到李村，跟五哥吃过一回。五哥，一米八大高个，人帅腿长练器械，五哥为什么叫五哥，就像古龙小说里，那些侠客的名字都是奇数，比如萧十一郎、燕十三，给人一种很难除的样子。所以江湖上有口号：奇变偶不变，符号看象限。

五哥说，从小憧憬大海，一望无际，长大了，就来青岛了。

我问，你是不是喜欢海？

五哥说，我喜欢浪，春天里那个百花鲜，浪里个浪，浪里个浪。但是现在，我想回头。

我说，你回啊。

五哥说，你懂啥，我说的是浪子回头。

我说，你回头啊！

五哥说，别闹。

我说，没闹，你回头啊！

隔着五张桌子的距离，一个姑娘刚坐下，偏不巧以前跟五哥谈过，至于怎么分手的，还真不清楚，反正以前五哥身边不缺姑娘。五哥回头瞅了一眼说，君子一言，驷马不吃回头草。

我说，你说的浪子回头什么意思？

五哥说，我突然喜欢上一个姑娘了。

2

几年前，我们一起在营口路的啤酒屋喝酒吃烧烤。那时候在农贸市场里买螃蟹、鲍鱼、扇贝、皮皮虾去加工，有一家啤酒屋的阿姨做的浇汁鲍鱼很好吃，我们常在那里喝到下半夜。

五哥酒量不行，但他喜欢组局，五哥是逢局必醉。这些年五哥的酒量没怎么见长，但是有一件事，一直没变，就是喝醉了爱打电话说胡话。那天五哥喝醉了，突然跟我说，我突然喜欢上一个姑娘了。

我问，然后呢？

五哥问，怎么办？

我说，表白啊。

后来五哥买了一块白色表链的手表，送给姑娘，看得出来姑娘很喜欢。姑娘问，你怎么知道我生日啊？

五哥说，哦，我来的路上，喜羊羊和灰太狼大玩偶促销说，欢迎光临今日大促，你试试戴在你手上应该挺好看。生日快乐。

到最后，五哥看着姑娘微笑的脸，咽回去了来时准备的一大堆情话，你看，害羞的人总是把一句简单的话，扩展成一句一句长长的废话，把最重要的藏在每一句的开头。

我问五哥，成功了？

五哥说，我暗示得那么明显，为什么她不明白呢？表，白色的，我说的话藏头的是我喜欢你啊！

我笑得前仰后合，说，白表了吧！

五哥说，滚。

我说，你是谈恋爱啊，还是搞情报啊？按照你的逻辑，求婚的时候，你要买一个大棒槌。

五哥问，什么意思？

我说，求昏啊！一棒槌下去，昏天暗地。

五哥说，滚。

我问，你为什么不直接说？

五哥说，万一她不喜欢我，我岂不是糗大了，丢了夫人又折了朋友。

我说，可是，你不缺朋友啊！

五哥说，不瞒你说，我已经想了无数个跟她在一起的样子。在北京旧胡同吃碗热乎的炸酱面，靠着西安老城墙来碗凉皮配肉夹馍，穿过重庆长巷子尝尝辣乎的火锅。懒在小阁楼里不愿做饭，就点外卖，生个娃娃随了她的双眼皮和我的大脑门。却唯独没有想好怎么开始。

我说，你这暗恋也暗出了情怀。

五哥问，怎么可以让自己变得大胆一点？

我说，酒啊，酒壮怂人胆。

五哥端起面前的酒，说，走一个，明天醒来，老子又是一条好汉。

五哥拿出电话，沉思了好大一会儿，放在耳边说，崔晓，我喜欢你。

我没有当场戳穿五哥，其实他放在桌子上的手机，屏幕就没有亮过。他说的那句"我喜欢你"大概是心里的一个魔，他把魔放出来，可惜，魔没有告诉他，你可以许三个愿望。所以五哥，静静地盯着酒杯说，再加一杯。

他又拿起手机，放在耳边说，崔晓，我喜欢你。我们天生骄傲，却被喜欢的人打回原形，从此谨小慎微，连一句喜欢都说得胆战心惊。如果有一件事，可以温故知新让我更熟练地爱你，我一定练习千百遍。

3

五哥喝醉了，哭过一回，大半夜吵着要吃石锅拌饭。

他坐在我对面，点了一支烟，明明落泪了，非说是酒烈烟呛。我隐约知道他失恋了，但是不知道从何说起来安慰他，他应该会自己安慰自己，否则他为什么非要吃石锅拌饭？

我问五哥，疼不疼？

五哥说，疼。

我说，疼，你还不把烟头扔掉，都烫手了。

那时候，五哥才警觉，把烟头扔在地上。很多时候，我们都是用分手来印证爱得深不深，那时候有点晚。就像五哥做的石锅拌饭，等到糊味散了满屋，才知道晚了。他吃着石锅拌饭，眼泪就那么哗啦啦地流着。他说，不是这个味儿，不是这个味儿。

我说，为什么不重新开始一段新恋情？

你很难想象，一场爱情究竟是怎么走到了结束。好的时候，你以为铁定了一辈子，坏的时候，你以为老死不相见。我们会在一个人身上耗完所有的耐心，也会在一个人身上收获所有向往，这前前后后，我们都变了。

五哥笑着说，你在一个人身上试过未来，往后其他人就都没有可能。

我问，为什么要分？

五哥闭口不答，只是低着头抽闷烟。

我说，这世上，我猜百分之八十以上的分手，都是嘴上喊出来吓唬吓唬对方，没承想假戏真做，大家又都好面子，互不给对方台阶，越闹越僵，就散了。哪怕有一个人，犹豫一下，回头看一下，另一个人一定会张开双手。

五哥问，怎么可以让自己变得大胆一点？

我说，酒啊，酒壮怂人胆。

五哥咕咚咕咚喝了一大杯酒，说，现在可以了吗？

我说，等一会，酒还没有上头。

五哥笑着说，不过找个借口而已，万一真上头了，就晕了。

五哥拨通了崔晓的电话，开的免提，他说，干吗呢？

崔晓迷迷瞪瞪地说，睡觉啊。

五哥说，跟你打听一个事儿，哪里有好吃的石锅拌饭？

崔晓说，你成心的吧，是不是又喝多了？

我说，晓儿，五哥真没喝大，在我家呢。

五哥说，我，还是想吃，石锅拌饭上面卧着一个蛋的那种。

崔晓说，明天再说，我困了。

五哥说，算了，算了，我还是长话短说吧，我喜欢你。

崔晓说，你别闹了。

五哥说，真的，我特别想吃石锅拌饭。

　　然后崔晓挂了电话。五哥的手机屏幕一直亮着，那亮着的光芒像是来自五哥身上，他千锤百炼一句我喜欢你，敢说出口，就得道升仙了。然后五哥问，还有酒吗？

我问，你酒量长了？

五哥说，胆儿大了。

我问，憋在心里的话，说出来啥感觉？

五哥说，痛快，痛快去爱，痛快去痛，痛快去悲伤，痛快去感动。生命给了什么我就享受什么，来人间烟火全都不要错过，所以，给我点支烟。

不知道那天喝到多久，后来响起了敲门声，崔晓拎着一个大袋子，我问，你怎么来了？

崔晓跟五哥说，以后少半夜点外卖，我还要睡美容觉。

我说，五哥，你哭啥？

五哥说，酒真烈，烟真呛。晓儿，你真好！

你敢伤害的不过是你知道此生不会弃你而去的人，你攒的一身戾气，不过在心疼你的人身上，百变历练成了温柔。我比任何人都清楚，我有多爱你，像是石锅拌饭里铺的煎蛋，往后还会铺十里红妆。

我问过崔晓，是原谅了吗？

崔晓说，还没来得及恨，或者说恨不起来，爱的时间都不够，哪有功夫去恨，浪费光阴。

五哥问，真想时间停止，永远停在跟你最美好的这一刻。

崔晓摘下五哥以前送的白色手表，把电池抠了出来，笑着说，现在可以了。

4

五哥问崔晓，为什么不重新开始一段新恋情？

崔晓说，我知道你会回来，抱起我，然后扛我回家。

五哥说，你瘦了。

崔晓说，怎么可能，你抱抱试试？

我猜，五哥是一个极度缺乏安全感的人，他把自己的样子藏在了酒里，没有人知道他想要什么样的爱。酒下肚，一晕乎，竹筒倒豆子，所有心事敞开；酒一醒，门关上，嬉笑怒骂不提矫情。

我越来越觉得，我们都会遇见某些人，恋爱也好，分开也罢，不分对错，都是命数，就像春天遇见花开遍野，夏天遇见鱼跃到水面呼吸，秋天的风卷起一地的叶子，冬天遇见片片的雪花堆成雪人。

想起以前，五哥和崔晓在一起的时候，崔晓说，我做的石锅拌饭很好吃，也许你该尝尝。喜鹊都爱吃那锅巴呢，欢迎你来尝尝，你一定要赏光哦。

五哥笑着说，害羞的人都是好话藏在开头啊！

崔晓笑了笑。

五哥问，你做的石锅拌饭，真的很好吃吗？

崔晓说，你就说，你想不想吃？

五哥说，吃。

崔晓做饭的样子很认真，她仔细地准备料：金针菇、胡萝卜、小青菜、西葫芦、蕨菜、牛肉片、米饭、鸡蛋、韩国大酱和蒜蓉酱。蔬菜切丝全部焯熟，牛肉片炒熟，石锅内壁刷一层油，装上煮熟的米饭，然后把上述各样菜呈扇形铺在米饭上，再煎个荷包蛋铺上，放在灶上用中火加热，听到吱吱作响转小火，不到一分钟关火即可。

五哥问，以前，你都是一个人做饭吗？

崔晓说，习惯了，一个人也要好好吃饭，你只有对自己好，才能心情好，你开心的时候，才能强大到这个世界高看你一眼。

五哥说，你知道我对你的喜欢是什么样子吗？

崔晓说，其实我害怕爱，因为我很久以前，就学会了自己一个人。我怕，突然一个人闯入我的世界，让我学会了爱，又突然离开，抽空了我的爱。

五哥说，就是我喜欢吃每一种食物都想跟你一起，我想去每一个地方都想跟你一起，我拍每一张照片都想你在身边。

崔晓说，那你会离开吗？

五哥说，不会。

崔晓说，万一你离开了呢？

五哥说，反正你习惯了一个人，也不差等我回来。

崔晓说，那我岂不是吃大亏了？

五哥说，任何人有机会都会爱上你，可是我不给他们机会。你之于我是一辈子遇见一次的荣光，我还有那么长的夜路要走，你目送我离开，那我也不过是去找一朵春天开的花，夏天吐泡的鱼，秋天被风卷走的树叶，冬天的一片雪花，我要攒满四季的美好娶你为妻。

崔晓说，你若是不回来，我就一个人孤独终老了。

五哥笑着说，没事，做好石锅拌饭，等我回家。

我们无法克制自己去爱，你看，脆皮虾仁、鱼香虎皮蛋、花雕熏鱼上桌，光是香气就够我们心旷神怡心生喜欢。眼前三尺瞧得见，身上衣服怎么搭，桌上吃的怎么配，都不重要，只要窗外大雨不停，就给了我陪你多待三分钟的欣喜，有些话搁心里，有机会说给你听：多少人爱慕你潮涌而来的疯狂，可是我更爱你汐退的平静。

那天他们在第一海水浴场，崔晓问五哥，你还会不会走？

五哥说，对不起，让你担惊受怕了。

崔晓说，下次你走的时候，我希望趁天黑，趁我睡着，因为梦里还有你，我希望早晨我醒来，你正好推门回来。你空手也好，你拎着豆浆、油条也好，你回来就好，反正我会做石锅拌饭，饿不着。

五哥说，下次走，带着你。

崔晓指着浪花说，你快看，那浪花退回去的样子真好看，好平静。

这是不是就是五哥说的"浪回头"。原来，"浪回头"的样子真的很漂亮，比远方的晚霞还好看。

我那么可爱，你什么时候娶我？

1

郭航是在下班的路上，被路边的东西一绊，摔得骨折了。怎么可能那么脆弱？可偏偏就是这个样子。然后他请了假住了院，按照他的说法，他觉得挺好，人再能耐可以持续加班，身体会告诉你什么时候该休息。

郭航是我们公司的程序员，几年前我们都在一家互联网公司上班，他把大把的时间都贡献给了代码。他能让两个程序相爱生成一个 APP，他能在几百行代码里一眼扫到 BUG。他打开电脑那就是他的全世界，肆意驰骋，泡面和可乐永远是他的阵前左右大将军。

他没有女朋友，以前他反问我，为什么人生需要女朋友这种配置，太占内存了，容易导致 CPU 发热死机。你看，我开心的时候写几行

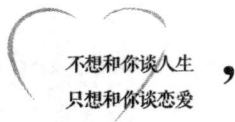

代码，我难过的时候打几局游戏，我为什么需要女朋友？

护士给他挂点滴，他才突然觉得，原来那么接近一个人会萌生很多的想法。他看见护士的胸牌上写着许娇娇。那护士拿起他的手，那半分钟有一股暖流在血液里奔腾。他问自己，这是不是爱情呢？

郭航的第一反应是大脑给的指令出现了 BUG，心跳明显漏掉了几拍，多线程运行导致内存不足，耳朵里响起了滴滴滴的声音，完了，完了，马上要重启了。

姑娘很尴尬地笑了笑说，不好意思，扎偏了。

郭航看见在许娇娇的名字前面居然还有两个字：实习。郭航说，你别紧张。

然后，又是一针，郭航觉得有一股暖流在血液里奔腾。他问自己，这是不是爱情呢？他想了想，应该不是，应该是生理盐水或者葡萄糖。

可是，那一刻郭航觉得整个身体都很暖，像是黑夜遇见一缕光，像是他吃过的一碗特辣的黄焖鸡米饭，像是在一行行代码里找到头疼已久的一个 BUG。

姑娘说，先生，麻烦你别堵着空调出风口好吗？

然后郭航被推进了病房。

第三天晚上，郭航躺在病床上，轮到许娇娇值夜班。应该是后半夜吧，他隐约听到有哭泣的声音，他一瘸一拐地推开病房的门，看见许娇娇坐在排椅上哭。

郭航问，你哭什么？

许娇娇没说话，但是停止了哭泣，很惊讶地看着他，你怎么跑出来了？快回去。

郭航接着问，你哭什么？

许娇娇说，没事。

郭航哈哈地笑，女生说没事就是有事。

那时候，医院的过道其实有点冷，许娇娇搓了搓手，郭航抓住许娇娇的手放到自己的口袋里，问，暖和不？真不知道郭航哪里来的胆子，反正那一刻，他觉得姑娘哭了，一定是人生遇见 BUG 了。作为一个专业的程序员，此时此刻应该抓住鼠标，于是他抓住了许娇娇的手。

许娇娇点点头。

郭航说，我给你讲一个笑话啊！

许娇娇说，好，要那种笑到肚子疼的。

郭航说，我认识一个男生，他没谈过恋爱，可是他突然喜欢上一个姑娘，一见钟情的那种，就是看了一眼感觉此前人生都荒芜了的那种。可是呢，正好赶上姑娘特别伤心地哭，他不知道怎么安慰人家，他就说：我给你讲一个笑话啊！哈哈哈，哈哈，你说那个男生傻不傻。

许娇娇哭着说，我失恋了。

郭航说，你别哭啊，我给你讲一个笑话啊！

2

等到许娇娇下次值夜班，郭航说肚子疼。

许娇娇问，晚上吃的什么？

郭航说，苹果。

许娇娇问，还吃了什么？

郭航说，苹果。

许娇娇又问，还有呢。

郭航说，苹果。

许娇娇说，你到底吃了多少个苹果？

郭航说，6个。

许娇娇说，活该，你是不是吃饱了撑的，吃那么多苹果干吗？

郭航很委屈地说，我饿。

许娇娇问，现在还饿吗？

郭航说，饿。

许娇娇问，黄焖鸡米饭，吃不吃？

郭航说，吃。

然后许娇娇从护士站拿自己带的饭，在微波炉里加热了一下，给了郭航。郭航问，你吃了吗？

许娇娇说，没心情。

郭航一边打开饭盒一边说，我给你讲一个笑话啊！

许娇娇说，好好吃饭，别说话。

郭航指着饭说，你自己做的？

许娇娇点点头。

郭航吃了一口，啧啧称赞，说，以后我有目标了。

许娇娇问，你要学做黄焖鸡，可以拜我为师。

郭航笑着说，我才不傻呢，师傅娶进门，修行在个人。你看，杨过断了一根胳膊，娶了师傅小龙女，我断了一条腿，你说是不是冥冥中注定了一点什么？

许娇娇说，这么好吃的黄焖鸡，都堵不上你的嘴。

郭航问，你吃不吃？

许娇娇说，不吃，没心情。

郭航说，我给你讲一个笑话啊！有一天，愚公快要死了，他把所有儿子召集到跟前说有大事要交代，所有的儿子都很紧张地看着愚公，愚公上气不接下气地说：移山，移山。儿子们面面相觑，还好大儿子机智，接着说，亮晶晶，满天都是小星星。爸比，你有跑调哦。然后愚公挂了。

许娇娇愣了愣。

郭航盯着她，等了一会儿说，那我再给你讲一个笑话。

许娇娇突然"哈哈"地笑了起来。

郭航应和着说，是不是很好笑？

许娇娇说，上次的那个笑话，好好笑。啪，你为什么不戴帽子！

这姑娘的反射弧是有多长啊！那天的笑话是大灰狼和小白兔，小白兔戴着一顶漂亮的帽子，大灰狼看见了，随手，啪，你为什么戴帽子？第二天小白兔摘了帽子，又被大灰狼碰见了，随手，啪，你为什么不戴帽子？小白兔很委屈，去找大老虎告状。大老虎偷偷地找大灰狼约谈，告诉大灰狼，你这样不对，弄得我很尴尬，我不能老向着你。我告诉你，下次你碰见小白兔，就说，去给我弄块肉，它找来瘦的，你说要肥的，它找来肥的，你要吃瘦的。可是这谈话，被小白兔偷偷地听到了。

大灰狼又碰见了小白兔：去，给我弄块肉吃。小白兔说，瘦的还是肥的？大灰狼愣了，随手，啪，你为什么不戴帽子？

许娇娇说完那句话，随手，啪，打在了郭航的头上，说，你为什么不戴帽子！

郭航拿起枕边的帽子刚戴上，正准备笑。

许娇娇，随手，啪，又打在了郭航的头上，哭着说，你为什么戴帽子？

郭航说，你哭什么？

许娇娇问，你为什么喜欢我？

郭航说，我哪知道，喜欢就是喜欢，哪有那么多理由，就像明天太阳会升起这么理直气壮，就像飞蛾扑火这么奋不顾身，就像凉拌三丝这么麻辣爽口。

许娇娇说，对不起，我跟前男友复合了。

郭航说，没什么对不起，你失恋的时候我喜欢你，你复合的时候我也喜欢你。我控制不了，我就是喜欢你，大概耗尽了力气，我就退出了。

许娇娇说，我不跟你说了，你快点吃。

郭航说，我喜欢吃辣的，就是特辣、特辣、特辣的那种，你做的这个不辣，我不吃。

许娇娇说，饿死你，活该。

3

郭航家的阳台上种着一种花，白色的，很好看。我问他，这是什么花？

他总是笑笑，不回答。

后来那花落了，结了果，是一个个绿油油的辣椒，准确地说，应该叫杭椒。一个程序员在阳台上种杭椒，而不是在代码里藏着 I love you，我就知道这哥们中了情花毒。

郭航问我，如何打败一个叫作前男友的怪物？

我说，你已经做到了。

郭航问，为什么？

我说，你跟她说出喜欢的那一刻，就在她的心里埋下了一粒种子。她快乐的时候看不见，她跟她男朋友吵架后，那落下的泪就会让这颗种子发芽。无数次的悲伤她都会想起这世上还有一个人对她好，你说暖不暖？

郭航问，可是，我爱得会不会太用力？

我们经历的时候，才不会承认那是我们一生中最幸福的时候，反而丢掉的时候，我们才痛哭。雪花一下子就落满了头，我往前走了几步，看见一个熠熠生辉的人，我拍了拍她的肩膀，她回头笑了笑，我结结巴巴问她，你叫什么名字。

后来的这一切，不过就是让一个灵魂完整而已。

郭航想起第一次说话的那个晚上，姑娘笑着问，我那么可爱，你什么时候娶我？

郭航说，等我养好伤，我要抱你进大花轿。

姑娘笑着说，你真是一个好人，就是你讲的笑话，很烂！

郭航说，那我再给你讲一个笑话。

其实把故事拖长也没有用，发了好人卡，这就是结局。郭航偏不信，以为结局可以重写。他写到最后不过就是把悲伤拉长，如果有机会倒带，回到那姑娘第一次问，郭航一定回答，明天，你敢不敢？

所以，坦白讲，我们跟某个人的感情，就像是满怀欣喜走进一间电影院，跟着故事一起悲喜，最后票根都被丢进了垃圾桶，但是我们感谢那个把放映故事的人。就像我们隔着一条宽宽的河，总有人驾着一叶小舟渡你过河，你过了河站在河岸上，看着他的小舟走远，他用背影告诉你：去吧。就像一大碗黄焖鸡，那些辣味入了鸡肉，我们一口一口配着米饭入肚，最后剩在碗里的是一段段杭椒。

失恋就像是看见一个碎了一地的自己，我不想把它捡起来修补，然后告诉下一个人，你看，你看，我是完整的，尽管我满身贴满了创可贴。碎了就是碎了，丢了就好，我会记住我以前爱的时候最美的样子，我还相信爱情，我还会活出一个新的样子，蜕壳的时候很疼，长翅膀的时候很疼，飞起来的时候很爽，越飞越高，越飞越高。眼下的万物都小得像是蚂蚁，你开心地问蚂蚁，你如何回蚁窝？带着笑或者很沉默？那小蚂蚁一定昂首挺胸，骄傲地告诉你：带着笑。

而这，就是我爱着的意义，你在或者不在，我都带着笑。

我问郭航，你还会等多久？

郭航说，等到他们下次分手。

我说，你成熟一点好不好？

郭航说，如果成熟的代价是失去一个人，我宁愿幼稚幼稚再幼稚。

按理说，你应该遇见那么一个人，她给了你关于人生、关于爱情、关于我和你，不一样的光景。可是，这个人可能仅仅只是告诉你，这世上有爱情，她仅仅只是激活了你身上那套叫爱情的程序。

4

我吃过两种黄焖鸡米饭：北京的黄焖鸡米饭可以加菜，白菜、海带、土豆片；青岛的黄焖鸡米饭，分为不辣、微辣、特辣，不加菜。若是问我更喜欢哪一种，我一定告诉你是最辣的那一种。

北京市朝阳区慈云寺那站，附近有一家陕西面馆，他家的豆角茄子盖面和肉夹馍很好吃。有段时间，我在北京出差，公司在附近，我吃过他家几乎所有的盖头的面，有天我想换换口味。

我是那种几乎不在饭点上吃饭的人，比如午饭我一般会在下午两点才去吃。那时候店里人少，特清静，我坐在靠近门口的位子，去的次数多了，胖胖的老板娘就跟我打招呼说，又一个人？

我说，嗯。

老板娘招呼厨房说，豆角茄子盖面一份。

我说，想换换口味，来一份黄焖鸡，特辣的。

老板娘说，可是你不能吃辣啊？

我笑着说，想家了。

老板娘哈哈大笑，笑得前俯后仰。

我很疑惑地问，什么事，这么开心？

老板娘用狡黠的眼神看着我，说，想家里的小媳妇了吧！哈哈哈。

有些心事被懂的人一眼看穿，与其说你留恋某一种食物的味道，比如大碗焖面，那排骨豆角盖头，加上一瓣大蒜。比如酱肉馅饼，配一碗荷叶粥，加个炝土豆丝。倒不如说，我们靠着这种味道活下来，这味道的另一个名字叫爱。吃遍了八大菜系，才知道媳妇的手艺合口，走遍了东西南北才知道，往家走最顺路。

后来，我尝过第三种黄焖鸡米饭，很辣，是郭航做的，所以，够味的一份黄焖鸡必然甜头在前，辣味在后，才会让你留恋、往返，对，是往返，甜辣往返。油里放白糖，不停地翻炒，让糖溶于油，然后鸡肉块入锅翻炒至糖色，那白嫩的鸡肉在油里翻滚，外酥内嫩，生抽、料酒入味调色，白里透红的不只是少女一见钟情的小脸庞，再加红辣椒、生姜片小气氛烘托，还有锅里渐入辣味的鸡块，翻炒，再加香菇丁。

香菇一定要精选干香菇，提前泡好，然后切丁，这种香菇才够味，鲜香菇是激活不了黄焖鸡的灵魂的，这一物降一物，像极了这大情小爱。翻炒几十回合，加水稍微漫过锅里的食材，转为小火开始焖。

郭航说，你不觉得这两碗黄焖鸡很难过吗？

我问，哪里难过？

郭航说，我现在终于明白，我拼了命也不过为自己博一个配角的命，杭椒只是一个配角。以前没有遇见她，我活得多好，泡面和可乐永远是我的阵前左右大将军，可是我现在吃了黄焖鸡，一点也不开心。

多少爱面前，我们伤心的、难过的，不过是败给了我们的贪。如果只是一眼喜欢，哪儿会伤，可是偏想要更久的以后，以后的事，哪儿好说。后来我深刻地理解一件事，结婚前，年轻气盛，有一腔热血去远方的田野；结婚后，心平气和，所有心动二字就可以概括：回家。得到不喜，失去不悲，这一生一定过得很快乐。

后来许娇娇说，我要结婚了。

郭航吃着一碗特辣、特辣的黄焖鸡，眼泪哗哗的，说，真好吃，你尝尝不？

许娇娇说，你别哭呀，我给你讲一个笑话啊！我认识一个姑娘，她喜欢一个男生，日久生情的那种，就是多看一眼，都想余生尽快跟他开始。可是她在上一段恋情伤得很厉害，她不知道该怎么重新开始，所以她就编了谎言跟她喜欢的男生说，要结婚了，其实她多想听那个男生说，好，我娶你。可是她却说：我给你讲一个笑话啊！哈哈哈，哈哈哈，你说那姑娘傻不傻。

　　郭航一边擦着眼泪一边站起来，随手，啪，打在了许娇娇的头上。

　　许娇娇一愣。

　　郭航说，你为什么不戴帽子？

喜欢我的借口，你想好了没有？

1

北京即将下第二场雪的时候，已经很冷了。这么冷的天，最适合做两件事：吃火锅和接吻。可惜，我在等公交车，过来一辆，不是，又过来一辆，还不是。然后，我就在路边的面馆，点了一碗西红柿鸡蛋面，微信上收到一条信息：柒叔，我刚参加完一个喜欢的男生的婚礼。

我问，然后呢？

她说，刚醒酒，感觉做了一个很长很长的梦，梦里丢了一件很重要的东西，醒来才发现什么都在。看见他娶了漂亮姑娘心里居然是开心的，庆幸没有跟他在一起。

我问，后悔当时没有跟他表白吗？

她发了一个偷笑的表情，女孩子呀，怎么好意思跟人家说，我喜欢你。

我说，喜欢不表白，那不是白白错过了？

她说，错，那些没有说出口的喜欢是一生拥有的欢喜。你一张口这满生欢喜就消失了，他拒绝你，你当时难过。你想，热得咕嘟咕嘟冒泡的火锅里，你刚放进去羊肉卷，被加了大碗的凉水，啥感觉。他接受你，往后你难过。你想，你爱极了日式料理三文鱼配清酒，刚好发了工资去吃，吃完那兴奋感并不遂你愿，而且往后天天吃，不烦腻啊？

我说，万一吃得很开心呢？

她说，那也不会次次开心，有两种失望是难以磨灭的：已得到，已失去。得到和失去却是同一个事物的正反面。所以女生啊，应该等一个对你好的人，而不是追一个自己喜欢的人。

我问，一定能等到吗？

她说，别傻等啊！往前走的路上，有风景不？有美食？有开心不？你一定会变成一个有趣的人，你的气场也一定会吸引跟你同质的人，不是冤家不剧透，剧透这么毁三观的事，怎么能做？不是一家人，不进一家门。喜欢你就"我叫你名字三声你敢答应吗"，收！不喜欢你就"对不起，我在等人"，走！

也对，女孩子像是一朵花，你跑人家面前说，你来啊，我开给你看，你耗尽了所有力量开给别人看，别人看够了，花就谢了。可是，你安静地开，"我花开后百花杀，冲天香阵透长安"，他来，你满心欢喜；他走，你不悲不伤，反正开给自己看，顺道美了一下长安而已。

我问，你当初那么喜欢人家，能释怀吗？

她说，喜欢是拼命想要抓住，而爱是摊开手让他飞得更远。往后我也会嫁人，也会叠着老公的衬衣想起从前，但是我更明白，得到的是侥幸，得不到就释怀，那样才会活得开心。为什么非要跟自己较劲呢，身边有一个追你的、疼你的，你还想要怎样的宠爱？

喜欢一个人是最温暖的力量，因为你想靠近他，你身上必然有他喜欢的特质，因为你要靠近他，你不得不学会他生活的样子。他英语说得那么流利，你觉得自卑，于是加倍练习口语；他看那么多的国外名著，你想跟他有话聊，于是你泡在图书馆；他每天晨跑，你想制造惊喜的遇见，于是你也开始晨跑。因为你想跟他更近一点，于是你体验了一把他的生活。

就算最后，你没有表白，你也一定不会后悔，因为喜欢一个人，你变得更好，这是喜欢给你的礼物。你最后没有靠近你喜欢的人，但是你靠近了最好的自己，自然吸引了他的目光。

2

你看，每一个我们超级喜欢的东西，得到的那一刻，并没有预想中的惊喜，当然中彩票另说。学生时代攒钱请喜欢的女生吃大餐，会记得攒钱的每一个瞬间，却独独忘记了那天吃的是什么。

我们常说，你看，我对你付出了那么多，你喜欢我一下，会死啊？我喜欢你喜欢了那么久，你亲我一下，会怀孕啊？可是我们都做不到，我们爱的只是那个敢为了爱拼命的自己。

所以，一萌跟我说，感情的世界特残酷，就是猎人与猎物周旋的游戏。她的想法我一点不惊讶，猎人想的是啪啪啪，三枪放倒，而猎物想的是跑跑跑，一路逍遥。所以爱情这一场游戏里，真正的决定权是在猎物手里。

所以一萌说，我要做一只漂亮的猎物。

我问，那被男生追到结局是不是很惨啊？你看，鱼被钓上来，哪有给鱼再喂鱼饵的道理啊？

一萌笑着说，只有傻子钓上鱼来，才把鱼吃掉。有趣的人会把鱼养大，大鱼生小鱼，小鱼生小小鱼，子子孙孙无穷尽也，你还担心没得吃，余生不好玩吗？海里那么多鱼钩，那么多鱼饵，你想吃啥还不是你决定的啊！你甘心咬钩，被伤，没关系，那就是爱情啊！

爱，果然是让人变得丧心病狂的一件事。

一萌去年结婚的，她老公追的她，她老公叫东子。几年前的冬天，我跟东子在学校门口的小吃店，一起喝羊肉汤，东子说，老板，加一碗不放香菜不放葱花多放肉，打包。我说，你能喝得上吗？他笑着说，你管呢。

后来我才知道，那是给一萌的。一萌说一次的事，他都记得门儿清。喜欢一个人，心疼和宠爱会形成一种习惯，不计回报，这种习惯在婚姻里，叫作担当和包容。

我问东子，你那么喜欢她，为什么不在学校里就追她呀？

他回答，喜欢一个人是要准备好多年的。

我笑着说，你不怕中途她跟人家跑了啊？

他说，怎么可能？我盯得可紧呢，她去哪，我就跟着去哪。我怕在学校里轻易说出口的喜欢，最后毕业无疾收场。我想先试试，我到底有多爱她。我有点贪心，不想只是谈一场恋爱，我想娶她回家。

所以，姑娘啊，你披荆斩棘去追一个你喜欢的人，你和盘托出不留退路，你说，为了爱情你奋不顾身，你说，想想人生无悔，那真是对你自己的不负责。婚姻是马拉松，你该留着最好的自己跟那个陪你更久的人。余生，会检验你做的一切对不对。

后来东子跟一萌说，我妈做的羊汤有点多，怕喝不了，周末你跟我回家尝尝？

一萌笑着说，这句话，让我等得有点久了。

谁遇见谁该有点命数，往回看，大概都是最好的安排，你猜不透的搭配，那味道都在等一个最合适的人去尝。剁椒跟鱼头，泡椒跟牛肉，肉末跟春笋，韭菜跟腊肉，莲藕粉蒸肉，猪肉炖粉条，排骨玉米汤，你说，好奇怪，为什么他们在一起？没关系，是爱情啊！

　　表白这种事不过是一个人说话，另一个点头，其实大家肚里都门儿清。真正的相互喜欢是略过这个步骤的，只有暗恋下的表白才叫表白，你不知情，我喜欢你，我说，有一件事想跟你谈谈。这种大事必然表情严肃，对方看你一本正经，收起笑容，静静地听，你说，我喜欢你。对方眉开眼笑，算是应了你的回答。对方说，对不起，那么结局就不乐观。接下来你会收到一张好人卡，好人卡什么意思？是不是你享受我生命里每一步的 7 折？不是，好人卡是说咱俩以后要保持距离。

　　所以你看，但凡问我要不要去表白，实际上心里都知道，喜忧参半。因为你有百分把握的话，不会表白，而是用暧昧代替了回答，水到渠成。

3

　　在北京，能吃到白馒头、大葱、豆瓣酱，那便是一顿美好晚饭的开始。朋友说，楼下有好吃的刀削面、黄焖鸡米饭，可我就是爱白馒头啊！你让我怎么改？几十年来，我就这么过来的，我不知道喜欢上一碗茄子豆角面需要多久，我不知道从现在开始习惯吃一碗过桥米线有多难。

可是，爱真的是深入骨子里，能够熬出汤的，汤做成肉皮冻，那该是生煎的灵魂。所以我跟笨笨说，爱情就是高手过招，千万别先出手，先出手破绽多，以静制动。

她委屈地跟我说，那个男生追了我好久，特心疼我，我也心疼他。有天他小心翼翼地跟我说，我喜欢你，可以亲你一下吗？你告诉我，以静制动。然后，然后，他就亲我了。

我差点被她气死，我说，你真是笨得可爱，笨到狗熊家了。

她说，你怎么知道他的绰号叫狗熊？你怎么知道我去他家了？不过，我也不吃亏啊，我也喜欢他。

我说，你觉得他是你一直想要的那个人吗？

她说，以前的时候我不知道，当他要亲我的时候，我闭上了眼。那个吻，裹着黄澄澄的芝麻和碧绿的葱花的香，松软适口，下半部包底金黄脆香，馅心鲜嫩有肉香。

我问，生煎？

笨笨笑着说，嗯，那天我们一起去吃生煎。结账的时候，他牵着我的手，侧了一下头看看我。我觉得他那笑容特别好看，我说，你嘴角的葱花。他说，老板多少钱？老板说，情侣第二人免单，一共12块钱。

笨笨说，你问我从什么时候开始喜欢他的，我想起来了，应该是在大街上碰到一家新开张的生煎小店，他们家的宣传语好怪——情侣第二个人免单。我就拍照给他看，那生煎真好看，我也不是贪小便宜的人，我就是觉得，他也应该尝尝。那时候我就知道大事不好了。

笨笨说，我问他，为什么要牵我的手？他说，怕老板不觉得我们是情侣啊！我问，那我们现在是情侣了吗？他说，还不是。然后顿了顿，继续说，我喜欢你，可以亲你一下吗？我就闭上了眼，他亲了我一下说，现在是了。

大部分爱应该是经过千锤百炼的，彼此心里都有点小心思。等一个号角响起，然后就扛着军旗冲锋，姑娘就该站在自己的阵地上，等你的他衣锦还乡。我们不是靠恋爱活着的生物，他在，你戎马一生；他不在，你阵地依然在。

所以，喜欢衣锦还乡采一朵春天开的花，插在你头上，从此你美得就像我的新娘。我记得有一个有趣的故事，说是一个武生在进京路上，路过一个茶栈，喝了一碗凉茶，喜欢上了老板娘，老板娘赠了他一个绣花手帕。武生说，他日中得状元郎，征战沙场归来，一定娶你为妻。

后来武生成了大将军，衣锦还乡，路过茶栈，想起以前的姑娘，掏出绣花手帕问：十年前路过这个茶栈，得一个姑娘资助盘缠进京，你知道她现在在哪里吗？那时候，武生是大将军，是驸马爷。

老板娘笑着说，听说她嫁人了，大户人家，过得很好。

武生说，如果你见到她，把这绣花手帕给她，若是她愿意改嫁，我定踏马而来，娶她。

老板娘接过手帕，看着武生骑马远走，她摇着绣花手帕招呼着：老娘今天开心，茶水免费！

想来武生身不由己做驸马，想来，老板娘等来那一句就够了。最后，没在一起，那才是皆大欢喜的结局。因为，遇见一个彼此懂的人，真的不容易。

4

为什么一个姑娘不要强求自己喜欢的男生？

感情这东西的进度条，在每一个人的心里千差万别，你以为你耗尽了全力 99% 去追他，可能在他的眼里，一句你是一个好姑娘，整个进度就是 0。往往你以为的喜欢，其实只是暧昧，你觉得他请你吃一个派，就对你有意思，可是，π 的后面何止有 14，还有 15926535897 呢。

婚姻是好好学习，恋爱是天天想上，反正决定都在你，待到山花烂漫时，你在丛中笑，我们又不着急赶路，还有时间。喜欢是一瞬间的事，你看见隔壁的包子店新一锅刚出笼，你闻着猪肉小葱的味就能来一盘，可是，爱是长久沉淀下的结果，往后路那么长，我猜你也想找一个能托付一生的人吧。

你说，爱不过就是那一句话，那么在乎谁先张口干吗？不过一份爱情而已。吃个中午饭你都想，是吃鱼香茄子盖饭、西红柿打卤面，还是吃肉夹馍配凉皮、鸡丝米线，都要思考很久，何况是爱一个人。感情的世界可比外面的天冷风大复杂多了，你想想，外卖送上门，顶着风雪去餐馆，哪一个更舒服呢？往前冲，风雪里看一个背影，转过头钻一个温暖的怀抱，哪一个更舒服？

我猜多年前就有人告诉你，心疼你的人会一直心疼你，你把整个心掏出来去疼的那个人，转头可能会跟你说，我喜欢的是炒肝。

心都动了，谈个恋爱再走呗！

1

小苏同学是一个有故事的女同学，在失恋后的第 208 天。

她说，那像是经历了一场很长的美梦，阳光温暖，草地青翠，我穿着一袭婚纱。可是醒来，无论你怎么倔强留恋，只有一个事实，你该清醒地意识到，回笼觉是续不上这美梦的。有些事啊看缘分，但是不会过多久，另一个梦会重新回到梦境。

我说，你比以前漂亮了！

小苏同学说，我努力把自己变好、变漂亮，不是让前任后悔，而是我突然发现，原来我可以这么活，真神奇！以前失恋的时候，感觉这世界完了，灰蒙蒙的，天天躲在被子里，天天拉着窗帘，不愿见阳光。现在回想起来，你说，当初阳光有什么错？

我问，当初那个晚上，至少有 100 个机会挽回，为什么你还是选择了酩酊大醉？

小苏同学问，你知道一个女人在什么情况下才会对一个男人失望至极，要分手吗？

我问，是老张突然不务正业打游戏吗？可是，那是他的梦想，你也一直支持他啊，他就是想搞游戏开发，万一他的游戏成功了呢？你跟着老张吃香喝辣。你要相信老张就是一个潜力股，是游戏界冉冉升起的一颗新星。

小苏同学说，当一个男人不停地在消耗最好的我时，我怕我再也没有什么供他消耗，那时候分手就是止损。

那天小苏用了止损这个关键词，其实她内心里，还是对老张心存善念，当初分手看似残酷，那何尝不是给老张的一个提醒。如果真的等到老张消耗完小苏，那样的爱情除了撕破脸，我不知道还能做什么？反而后来，小苏的离开保留了爱的一点颜面。

老张的游戏至今没有上线，他耗费了一年多的时间打游戏，想要在游戏行业创出一片天地，他唯一的收获就是在十二月的早晨丢失了睡眠。他无数次地问自己，我错了吗？我错了吗？我错了吗？

我说，问你一个问题，一间漂亮的咖啡馆，每个月赔几千块钱，一个卤冰糖猪手的摊儿，每个月挣几千块钱，你会选择哪一种创业？

老张思考了一会儿说，咖啡馆吧！

我说，你以为这是一个创业的问题，实际上这是考验爱情的问题。我们都想体面地活着，可偏偏爱情是最卑微的那种，没什么尊严可言。爱啊，到最后不是我愿意为你攀岩去采花，而是我愿意为你跌入谷底万劫不复。

我问老张，你知道怎么谈恋爱吗？

老张说，吃饭、逛街、看电影，拉手、接吻、上个床。

我笑着说，可能我们都错了，没有那么复杂，其实谈恋爱就是两个人在一起有愿景、有话聊、有钱赚。

我深知小苏这样的好姑娘，就像灶台上的一大碗红烧牛肉盖面。她总会离开灶台跑进一个深爱她的人的菜单里，她会经你的手升腾起香气，甚至有点烫手，你带她穿过一排一排的桌椅，她的归宿却不在你面前。更难过的是，你经历她所有的美好，却遗憾地拱手让她走掉。

小苏同学告诉我，所有的失去，会以另一种方式归来。伤痛在时间面前缴械投降，沉沦在镜子面前无处躲藏，这世界美好就美好在，你会在遇见前任以前脱胎换骨，彼此会感谢当初没把那么美的青春交给一个平庸的人。这就是分手的意义，我们都会变好。

我说，我喜欢你对爱情的态度，及时止损，可能我们大多数人最后都在凑合，以为一切有转机，于是陷入一个又一个低迷的轮回，最后大家疲惫不堪，博一个分手收场。其实，爱情的势头我们门儿清，只是不甘心。于是在一次一次的不甘心里，把自己拖入了更深的深渊。

小苏同学说，我越来越相信爱情是功利的，我们都怀揣着变得更好的念头，这应该是我们报复平庸的方式，所以，一份不能让我上进的爱情，我宁愿放手。

2

小苏同学是一个有故事而且很傻的女同学，在失恋后的第 33 天。

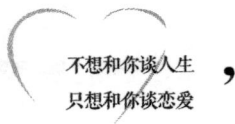

　　她说，家里的猫很伤心，我每天要安慰它、哄它，然后才能睡觉。所以，我要搬家，带着我的猫远走他乡。

　　我说，走吧，别回头。

　　小苏同学说，分开后我不会回头，但是如果他需要帮忙，我还是会义无反顾地出现在他的面前。至少我们还是朋友啊！

　　我说，你傻啊，你不怕他再一次把你带入深渊？

　　小苏同学说，可是，我更感谢他曾经给我一个有光的青春，他让我得到的永远比我失去的要多。

　　我们曾经特别害怕爱情的离开，可是，真到这一天并没有那么可怕。不过把几件礼物放在箱底，把相册合上贴上一张封条，把日记一张一张撕碎。那时，内心很平静，你甚至想一会儿去楼下吃小笼包、喝紫菜蛋花汤，你甚至想从此"左三圈，右三圈，脖子扭扭，屁股扭扭，早睡早起来做运动"，你甚至想买一大堆你喜欢的书和碟片昏天暗地地看。你想过一万种颓废的方式，但是等你醒来，看着镜子告诉自己，我应该好好打扮自己，漂亮地活着，美好生活才刚刚开始。最后也终于明白：你开心起来，这才是最好的世界。

每一对情侣没分开以前都觉得自己很强大，可以打败时间、异地、世俗、现实等各种恶魔。可是到分手的那一刻才知道，原来我们每个人在爱里都很渺小，渺小到谁都可以欺负我们，那我们到底靠什么爱着？

小苏同学告诉我，是傻，只要你傻傻地相信他，就会爱得理直气壮。有些人挺幸运，傻一辈子，有些人挺遗憾，傻一阵子。

我说，你会遇见更好的。

小苏同学说，一定的，离开上任的前提就是要更好的，否则我们为什么离开？其实，往后他的坏、他的好，对于我来说都只是一个消息而已，不会再被触动了。

我说，可是你傻啊！他有事，你还是愿意第一个冲在最前面。

对一个人的好早晚会变成一种条件反射的习惯，就算分开了，你听说他过得不好，还是第一习惯想要去帮他。不是怜悯，而是，你对他太了解，你知道什么方式是他最接受的。所以，你把每一种留在他身上的习惯保留了，多数不是恋旧，就像膝跳反射一样，是身体本能的反应，因为以前爱过，好聚好散。

除非分手的时候烂话说尽，你对一个人失望至极。你觉得那是你人生中最黑暗的一段日子，你觉得遇见他是你人生的败笔，往后，听到他的坏消息，你才会暗自庆幸，幸亏没跟他在一起。

可是，这世上无疾而终的爱情最多，能吵闹的未必真的会分开，反而那些平静的爱情会突然出现爆炸性消息。小苏同学和老张分手的时候，我没有劝过，没有感同身受的爱情，他们的决定都是深思熟虑的，我说一大堆好话，假设他们最后还在一起，未必是好的。

大家都是成年人，知道每一种选择背后的代价。

3

小苏同学，是一个有故事而且很傻、酒量很差的女同学。在失恋后的第 1 天，她找我喝酒。我问为什么。她说，你们家楼下的烧烤摊 11 点以后啤酒免费啊！我说，你要不要这么抠门啊！

她说，你喝不喝？

我说，喝！

那时候我不知道她失恋，烤串还没上，她就开始喝了。我问，是不是心里有事？

她说，没事，就是想喝酒。

我说，就你的酒量，还是说吧，不用借酒唠嗑。

她说，分手了。

我说，哦。

她问，你就这表情？

我说，那不然呢？你们又不是第一次。

她气急败坏的样子，说，这次不一样，大概是真分了。

我说，绝对不可能，我敢打赌，赌这顿饭！

她说，好啊！

我给小苏同学的男朋友打电话。我说，老张，哪儿呢？

老张说，打游戏呢，快说，啥事，双倍经验。打呀，打呀，掉装备了，爆头啊！你说啊！

我从电话里听老张的语气，挺 high，觉得可能是老张玩游戏惹小苏同学生气了。我说，来我家楼下，喝酒，麻溜的！

十几分钟后，老张出现在我们面前，我劈头就问，你们分手了？

老张看看小苏同学没说话，小苏同学说，你告诉他，我们是不是分手了。

我说，绝对不可能，我敢打赌，赌这顿饭！

老张自己添了一个杯子，坐下来说，对不起兄弟，又让你破费了！

我说，你们两口子蹭饭蹭出了新花样啊！

那天我们喝到几乎天明，凌晨5点多，那个烧烤摊，再也没有出现在我们家楼下。有人说，那天老板哭得很伤心，从没想到仨疯子这么能喝啊！可是我觉得他没小苏同学哭得伤心。他们谈了有三年，现在分手了。

我们喝得浑浑噩噩，第二天下午，小苏同学醒来想给老张打电话，本来说好要一起去买猪手的，来我家学冰糖猪手。她才想起，哦，我们分手了。

你失去一个人的那个瞬间，是会永远失去一种习惯的，这瞬间抽空你所有生活的勇气，熄灭所有的灯，把你隔离，丢在一个个无尽的深夜里。你伸手不见五指，欲哭无泪。你会在一个个黎明前用疲惫假装睡眠，你期待这是一场很长的美梦，阳光温暖，草地青翠，我穿着一袭婚纱。当然，你更期待永远不会醒来。

小苏同学觉得头很痛，但是心更疼，就像是那种把你生活里最熟悉的一种东西剥离出来，亲手扔掉的那种疼。因为那东西在心里住了三年多，剥离的时候，你是眼睁睁地看着，多触目惊心。

但是，有时候你不得不做这种决定，像是身体里的一个毒瘤，你不切除，就会蔓延扩散，最后击垮整个身体。所以，和平协商，签字画押，切除。从爱情里把你剥离，从此你不再是我心上人，从此我回到人山人海中，我们是最熟悉的陌生人，我们的一切，再也无关。

我想起章子怡在《一代宗师》里的一句话：说人生无悔，那都是赌气的话。若真无悔，那人生该多没趣啊。这爱情啊，也像是下棋，棋逢对手最好，你当头炮，我把马跳。可是，说落子无悔，小苏同学做不到，但总归是要有取舍的，丢车保帅吧！

4

是的，真正意义上的失恋。有三次，第一次是说出分手，那是情

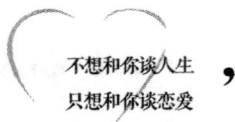

绪失控，像是牛肉拉面丢了盖头。第二次是你忘记他，你加了辣子一根一根把面嚼完，你说面有点咸，对，掉的眼泪有点多。第三次是他忘记你，他端起面汤一饮而尽，再爱不回头，往后只字不提爱情，那时候才是真正意义上的失去。从此陌路，各生欢喜。

这世上有那么多人，偏偏选中两个人遇见，并产生一段爱情，那是一件多么难得的事。像是烤肉煎蛋在拌饭中认识，像是清蒸肉和豆腐皮卷一起，像是萝卜羊肉煲在一个砂锅里，就算后来没有走到一起，我们都应该感谢来时路，你曾站在我右手边，因为爱你的心跳在左边。

但愿悲伤都流走，但愿美好长流，又不是什么深仇大恨，我们还在仰望星辰，只是你在你的城，我在我的市。解怨释结，更莫相憎，一别两宽，各生欢喜，这大概是对逝去的美好爱情最好的诠释吧。

有时候分开并不是一件坏事，爱并不是只有一种形式存在，说一句"祝你幸福"，比"我会给你幸福"需要更多的勇气吧。真的，时间如果长一点，能磨平所有的恨，但是第一次你遇见他，爱上的那耀眼光芒，从此生生不息。

我觉得两个相爱的人无论最后走到哪一步，最好的存在应该是永远记得对方的好。而把那些横亘在你我之间的坏统统释怀，伤会变成疤，一切都会过去。但是唯有你曾留在我身上的好始终有光芒，始终很暖，这应该是爱最值得我们当初奋不顾身的原因吧。

所以后来，小苏同学遇见了老张，老张憋了好久问了一句，现在好吗？小苏同学笑着说，你走后桃花又开了一季，真美！怎么说呢？桃花潭水深千尺！

我知道你忙，有空娶我一下

1

我有两次，深信爱情。两个平凡的人好好过日子，看到彼此，眼里会发光，光芒万丈。

2

想起多年前的某一个深夜，我跟小照一起加班，忙到半夜 12 点，那时候天有点冷，天气预报上说最近有雨，从写字楼里出来，小照问我，你冷不冷？我双手哈气说，冷。她拉起我手，说，走，我带你去吃点热乎的东西。

我疑惑地看着她。她说，我什么时候骗过你？

转了有两条街，真的就看见了一个支起的大棚，灯光很亮，棚上写着麻辣烫。我们坐下来，点了两份麻辣烫。小照笑着说，没在深夜肚子饿得咕咕叫，怎么好意思说你尝过最好吃的美食。

我回头跟老板说，天冷，多放辣！小照也补加了一句，多放辣。

麻辣烫上桌，我就低着头开始吃，吃着吃着感觉不对劲，就看见小照哭了。我问，怎么了？小照说，辣。我问，到底怎么了？小照猛吃了一大口，眼泪就往下掉。

我问，到底怎么了？

她突然笑着说，我失恋了。

她想结婚，可是她男朋友非说先立业再成家，可是立业跟成家真的没有关系啊。那么多平凡的人，没有英雄的梦想，他们一样开心地结婚生娃。小照的愿望很简单，就是希望她男朋友的愿望里有她就够了。

我问，你那么想嫁给他？

小照说，想啊，要不我为什么谈恋爱？我就是想以后跟他在一起。我能想到最浪漫的事，就是出现在他未来的每一个决定里。我是一个没有远大理想的人，我就想平凡地生活，洗衣做饭带孩子。

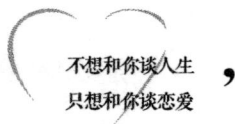

我说，可现在每个姑娘都喊着要独立。

小照说，我们终归是要成家的，你说对不对？两个人在一种生活里，总有一个人要牺牲一点的，安家、治国、平天下，都怀揣大梦想，这日子怎么过？你说，一屋不扫何以扫天下？我想做一个小女人，不是我要收起梦想，梦想有很多种，实现的方式也有很多种。

我说，他所谓的立业是什么概念？

小照说，开公司，赚大钱。

我问，他现在呢？

小照说，在一家室内设计公司上班。他说过不甘心做一个小设计，他要做自己的工作室，所以他特别努力，每天加班到很晚。他总是说，你等等，我一定会成功的，你相信我，三年不成功，五年一定会的，五年不会，十年一定会的。

我问，你们彼此有多喜欢？

小照说，很喜欢，很喜欢。

我说，就是喜欢到不能结婚的那种？

小照一下子沉默了。他们上学的时候就谈恋爱，毕业了还在谈，工作了还在谈，谈啊谈，谈啊谈，就算弹棉花，都能弹出好几千床被子了，就算弹钢琴都能弹上万遍《致爱丽丝》了，就算弹指间，墙橹都已经灰飞烟灭了。可是，唯独结婚这两字是禁区，小照每一次带着这两字突破后卫的防线，准备临门一脚的时候，她男朋友总是说，再等等。

我一直不理解，为什么总有男生拖着不结婚，他们到底在消耗什么？是等你青春散尽好买跌不买涨，还是等他一路建仓看涨然后把你清仓？结婚真的有那么可怕吗？还是不舍得轻易堵上自己的路？

婚姻真的是仅次于出生以外的大事，它是一次新生。好的婚姻等于做对了人生大部分的事，我们渴望的好的婚姻，是精神上的三观吻合，是物质上的彼此一起奋斗，可是他为什么不娶你？应该有两个答案：他太想给你他以为的幸福，另外就是他还没有找到合适的下家。

我拉起小照的手，去她男朋友租的房子楼下。我说，你打电话给他？她说，算了。我说，你喜欢一个人不是为了受委屈的。

她男朋友下楼，我在楼的另一个拐角看着她们，不知道她们又争吵了什么，最后，那男生头也不回地走了。小照哭着说，是不是再也回不去了?

我说,可以回去啊。回到麻辣烫摊上,那碗麻辣烫居然还温乎,只是上面有一层结块的红油,我让老板加热一下。那时候我想,小照那一年的爱情不过是从逍遥二路东头走到西头,一碗麻辣烫还没凉的时间,他们就散了,可是她想过一辈子。

小照哭着说,快 7 年了,怎么就被轻易摧毁了?

我说,你听说过千里之堤溃于蚁穴的故事吗?你站在长堤上,且听风吟,你脚下是洪湖水浪打浪。你满怀信心,你觉得你们的爱情无坚不摧,可是,偏偏长堤之下是一窝蚂蚁。

小照问,为什么?

我说,累了,连痒都懒得挠了。

3

三个月后,小照实习转正了,我跟她说,转正工资翻倍了,你要请客呀!她说,好啊!你想吃什么?

我说，我要吃大份的麻辣烫。

还是逍遥二路那里的大棚，还是那对夫妻的路边摊。小照说，我都要走了，你就不能好好敲我一顿好的？我坐在小马扎上，正回头跟老板说，多放辣。我转过头，问，你刚才说什么？

小照笑着说，没什么。

麻辣烫上桌，我夹起一块鱼豆腐放到她碗里，说，他们家这个特好吃。小照没拿筷子，看着我笑，我说，你快吃啊。然后小照吃了几口，突然笑了。我问，怎么了？小照说，辣。我说，不就转正吗？至于这么开心吗？小照猛吃了一大口，眼泪就往下掉。

我问，到底怎么了？

她突然哭着说，我结婚了。

我才想起，她上个月请假回家，回来的时候手腕系着一根红绳，我问她几个意思，她只是笑而不答。

有些决定别人以为很仓促，可能在你心里已经揣摩万遍。我们都爱得很认真，哪会轻易托付一生，不过是觉得你就是我要的那个人。遇见那个人之前，我们拼命准备土豆、莴苣、冬瓜片、海带、藕片、娃娃菜、鱼丸肉卷、豆腐泡、血旺、毛肚、金针菇，那下了锅的幸福都是我们一个一个选的啊，麻辣烫是一个人的火锅，火锅是一群人的麻辣烫。

她问我，你不打算说点什么？

我说，这麻辣烫挺好吃的，吃一口少一口。嗯。我转过头，问老板，有酒吗？

小照说，有些人你可能跟他处一年、三年、五年，都是老样子，而有的人，你见到他的第一眼，脑海里就蹦出来四个字：我要跟他结婚。

我疑惑地说，这不是六个字吗？

小照说，对啊，遇见一个你想要结婚的人，脑子会断一根弦，要不怎么女的一昏头就想结婚呢。也不知道为什么，可能你漂泊惯了，突然的踏实会让你特别的心安。

之后，小照回老家了，再也没有回来，我们已经多年不见了，但是我还记得。

小照最喜欢的一句话是：喜欢就是喜欢，没什么丢人的，但也没什么了不起。可是，她结婚了，结婚可不是两个字"喜欢"一笔带过的。她最后说过一句话，让我觉得爱情是一件蛮有意思的事。她说，两个平凡的人好好过日子，看到彼此眼里就发光，光芒万丈。

小照说，结婚后，懂得了很多事。早上挤牙膏要挤两次，煎蛋要做两个，你会给他揉肩，他会帮你捏脚，冰箱里的小布丁永远不够吃，他出门你会帮他打个领带，他下班会给你带回来楼下刚刚出炉的面包。你知道周三超市打折，你知道菜市场最东头的摊，买冬瓜会送你两棵香菜。恋爱终归有一天褪去浪漫，成为一天天的日子，还好日子里有惊有喜。

我问，可是你们才见过四次面啊！

小照说，要是遇见一个对的人哪怕不见面都可以，这世上真的有人正在经历你想要的样子，你们一见就倾心，二见就交心，三见便痴心，四见后放心。你愿意嫁给他，是迟早的事儿，既然迟早要嫁，不如早一点。

我说，他有多好？

小照开心地笑着说，多好？不知道，但是，他要娶我。

我说，你是有多想嫁人？

小照说，你能把生命过得完整，遇见一个你想嫁、他想娶的人不容易，这幸福来之不易。

我说，为什么一定要用婚姻来衡量幸福？

小照说，不是，跟婚姻无关，跟遇见的人有关，态度明朗的人，他会给你幸福，态度含糊的人，他会给你承诺。

4

我有一个二奶奶，裹脚，走路很慢，一辈子没学多少文化，庄稼人。二爷爷走的时候，我就站在旁边。二奶奶握着二爷爷的手，就说了几句话，她把戒指从手上摘下来，放在二爷爷的手里，帮他攥紧。然后说，老头儿，戒指还你了，要是有下辈子，你再来找我，给我戴上。那时候，二爷爷已经没有多少力气握紧戒指了，然后他闭上眼，眼泪从眼角滑下来。

老一辈儿表达爱不像我们那么复杂，他们谈不上喜欢，只是相互守一辈子。一个人先走一个人送，而留下的那个人爱得更深一点，因为往后独自面对的全是回忆、孤单。

很多时候我们不明白，为什么有的人愿意死在伴侣的后面，那该有多坚强、多深爱，才敢做这种悲伤的决定。其实，你不得不佩服，那些平凡的爱情总是藏了太多的深情。听说，那戒指二奶奶一辈子只戴过两次，一次是结婚那天，一次是二爷爷走的那天。二奶奶说，天天干粗活，万一丢了呢。

二爷爷和二奶奶不是自由恋爱，媒人上门说了两次，他们就结婚了。二爷爷有一道菜做得很好吃，山药焖羊排。结婚的那天，家里杀了一只羊，一只羊对于一个贫苦的家庭来说，那是至少半年的生活费。二爷爷说，别让人家太委屈了。能吃上一顿肉的婚礼，也挺豪华了吧，可惜大半辈子，二奶奶就豪华了那么一次。

我猜，二奶奶大概一辈子都不知道什么叫爱情。他们吵架最凶的时候，都没有想过要分开，反正只要二爷爷做一顿好饭，二奶奶就原谅他了。原谅一个人很简单，就是我想跟你好好过日子。大概老一辈儿的思想是什么破了旧了，就补补再用，而现在的年轻人思想活跃了，什么破了旧了，就换新的了。

我结婚的前一天，二奶奶听说了，从家里小步换小步地来我家。见到我的时候，她说快认不出我来了。她递给我红包，我说，您留着买点好吃的。来回推让了几次，她把红包递给我妈妈。临走前，她握着我的手就说了一句话：好好过日子。

那句话迄今为止都很震撼我。多么普通的一句话，可是那句话攒了二奶奶一辈子的爱情哲学，攒了她一辈子的婚姻智慧。两个人选择在一起，彼此珍惜，好好的。把日子过得怎样，这个二奶奶没说，因为每对新人的日子都不一样。为什么他们一辈子吵吵闹闹还不分开，就是因为他们太懂什么叫作好好过。这日子，都是好好过出来的。

二奶奶还挺健朗，碰到门口来我家串门的同龄人还会嬉笑聊天。那时候二爷爷已经走了很多年，她一个人生活了很多年，大概留下的人更应该好好生活、好好开心，因为身上还有另一个人的光和希望。一个人也要好好发光，光芒万丈。

5

你说，哪有那么巧，山药遇见山药，羊排遇见羊排，这世界上大多数的爱，都是山药遇见羊排，无非就是要我们花时间去适应对方。你说那叫爱情，快别闹了，那叫生活。生活会原谅你的所有错，而爱情不会。

　　小照说，以前我以为那句话很重要。后来结婚后才知道，那个离家前的吻和回家后的拥抱，才是我要的安稳。我们都太依赖爱了，却恰恰忘记了爱的力量来自那个心里有爱的人。

　　我问，你怕爱吗？

　　小照说，怕，像是走进一个黑夜，你不知道脚下有没有坑；像推开一扇门，你不知道门后的世界有多少未知的可怕等你。

　　我问，怕为什么还要接近？

　　小照说，你贪恋的那个人便是最好的一杯二锅头，酒壮怂人胆。干了，往后的日子，你就敢跟生活所有的刁难单挑。

　　你看，在人来人往的街道，那星星点点闪烁的微弱的光，都是来自我们每一个平凡的人。我们携爱行走，我们每一个人身上都有自成一系的光芒，那光芒在你喜欢的人那里，万丈。

　　你说，把爱情放进冰箱需要几步？你猜，这是一道数学题，可惜这是一道生活常识题，而且还是送分题。后来我才知道，把爱放进冰箱保鲜，不如把爱情从冰箱里拿出来，跟一只狗、一只猫一起，等着你来加入我们的晚餐，那种等待真美妙。生而为人，爱的就是这股劲儿。

我二十来岁，跟小照吃过麻辣烫，在破旧的大棚里，我见过人间烟火，所以我信普通的日子也有光芒，光芒万丈。

小照失恋，我告诉她不要记仇，日子太长，记不住那么多，她转手扇了前任一巴掌，跟我说手疼，其实她心更疼。可是，她就是想要结婚，想结婚对于一个女人来说有什么错？

小照结婚，我满杯祝她新婚快乐，不提白头偕老。快乐比白头更值得，但愿她能常有。像小照说的那样，她没有遇见最好的时光，结了婚，那才是她美好时光的开始。她说这话的时候，开心地眼里冒光，光芒万丈。

不想和你谈人生，
只想和你谈恋爱

CHAPTER · 3

我要代表全世界心疼你，

么么哒

孤独就好好吃饭，谈什么恋爱？

1

你知道这个世界上有一种动物，叫作 52 赫兹鲸鱼吗？

对，通常其他鲸鱼声音发出的频率是 15~25 赫兹，可能有些鲸鱼看到过 52 赫兹鲸鱼，但是从来没有鲸听过她到底说了什么，热闹的是他们，而她什么都没有。她总是游来游去，别的鲸鱼问她，你吃了吗？

她就回答：对，我去找珊瑚。

别的鲸鱼跟她说，我喜欢你。

她就回答：好吃，有机会一起吃。

久而久之，其他的鲸鱼就觉得她很奇怪，她为什么不好好说话？久而久之，她就觉得为什么这么大的海里，没有一只鲸鱼愿意跟我说话呢？

我认识那么一个 52 赫兹的姑娘。去年冬天，兔儿站在北京南站给她男朋友打电话说，你来接我吧？行李挺多的，还有嫁妆呢。我买的单程票，不打算走了。那是她一辈子做的最大胆的一个决定。

她以前是一个多么文静、听话的好姑娘啊，不知道怎么就突然冒出了这么一出戏。你说，爱情真的有那么大的魔力吗？让一个胆小的姑娘突然扛着大旗冲锋，她以前都很少跟别人说话的。她是毕业照上最靠边的姑娘，超没有存在感的姑娘，却在毕业那年，做了这么一个大胆的决定。

她去北京的一整年，买菜、做饭、等男朋友回家，买菜、做饭、等男朋友回家，买菜、做饭、等男朋友回家，这是她做的最多的事。她说做一个小女人挺幸福的。那时候他们租地下室住，有次出差我见她，约在中关村附近，聊了很多。我说要请她吃饭，她看看手机说等有机会吧，要赶地铁回家给男朋友做饭。

说起她男朋友，她笑得特别开心。

从中关村到她住的地方，坐地铁需要 1 个多小时。送她去坐地铁，我问，打算什么时候结婚？她一直笑，除了这个笑，她再也不是从前的那个她了。其实我特想告诉她，她的世界里大概已经没有她了，她以为那是爱情，那不过是家政。

我希望我是错的，可惜，最后他们分手了。

她问我，假设当初没有来北京，会不会已经结婚，拥有了另一个人生？

我说，人生真的没有那么多的绝对，你现在做的一切都是对的。没有假设，假设不成立。

她说，我们光想着两个人在一起，开心是双倍的。可是在一起之后，贫穷也是双倍的，悲伤也是双倍的，喜欢的、讨厌的都是双倍的，这才是现实。

我问，现在后悔吗？

她说，海挺大的，往前游吧，我猜一定在某个深海，我看不到的地方，还有那么一只 52 赫兹的鲸。所以，我还想大声喊，总归有人能听到吧。

我说，你不是一般的傻。

她笑着说，傻人一定有傻福。她都那么傻了，你说命运，怎么好意思欺负她。

我说，下次一定要注意，别一股脑儿把自己的好全给对方，对方不会珍惜的。你知道什么叫物以稀为贵吗？

她很疑惑地问，不会吧？你别闹了，聚乙烯按吨卖，平均下来就是白菜价。

我说，咱俩说话就不在一个频道上！

她笑着说，你是哪个频道？

后来，我猜她一定是装不懂，这样才能隐瞒很多悲伤。人在爱里，是不能活得太明白的。太明白了，就浑身是伤，反而你不懂，才招人疼惜，这是不是所谓的示弱呢？女孩子把弱放出来，才能激活男生的保护欲望，女孩子家把自己活得比男人还强悍，谁还敢轻易接近呢？

我猜，她一定不是深海里唯一一只52赫兹鲸鱼。有一天她会收起她的好，也会知道什么叫作示弱，她一定会遇见另一只52赫兹鲸鱼，那只鲸鱼对她的好，很熟悉，对，就像她以前对别人那样，失去的一定会被还回来，以爱情的名义。

2

你知道这个世界上有一种面叫作阳春面吗？

对，通常其他的面有牛肉盖头，有番茄鸡蛋盖头，它就是一碗清汤面。香港 TVB 的剧情里，时常有这样的对话：做人呢，最重要的就是开心，你饿不饿？我下碗面给你吃。我们常常被这一碗普通的面欺骗，以为它很普通。它哪儿会普通，如果恰好碰到一个饿得肚子咕咕叫的夜晚。

这碗面比任何一碗面都好吃，猫儿姑娘是这么说的。那天，她加班到很晚，在公司楼下的面馆，她点了一碗阳春面。她看到店里居然有一个男生也在吃面，挺巧，他也点了一碗阳春面。也不知道哪里来的勇气，猫儿居然就跟那个男生说，我也一个人吃饭，能坐在你对面吗？

那男生抬起头看看，笑了笑，问，你也加班呢？

白吉馍有炖肉陪，所以叫肉夹馍。鸡蛋饼有果子陪，所以叫煎饼果子。麻辣火锅陪着蘸酱，酸辣汤是一群食物的狂欢聚会，偏偏这阳春面是这个世界上最孤独的，而猫儿姑娘却最喜欢吃，尤其是夜宵。

她说那一刻，自己疼自己，疼得好温暖。嗯，她对面还坐了一个少年，他说，这么巧，你也在。

猫儿过生日，他们约好一起早点回家。那是结婚后她第一个生日。她炒了小菜点了蜡烛等他，可是他一直在加班。后来她说，不等你了，我要睡了。凌晨她老公回家，她不知道怎么就醒了，她老公小声说，把你吵醒了？

猫儿问，几点了？

她老公说，快3点了，你睡吧！

猫儿说，你饿了吧，我给你下碗面。

她老公说，我热热凉菜，就好了。

猫儿去做了一碗阳春面，面里有一个荷包蛋。她端到桌子前，说，快，趁热吃。她老公突然说，对不起，生日快乐。

猫儿笑笑，像是两年前，他们第一次遇见的夜晚。那些疲惫和孤独开枝散叶，那一个陌生的微笑像是树叶划过肩膀，佩在胸襟。每次想起都觉得好神奇，凌晨3点怎么还有阳光，后来噩梦醒来，看着旁边打小呼噜的脸，才知道3点还真有阳光。她说，嗯，有你在，我每天都快乐。

她老公笑着说，这荷包蛋好漂亮，像是一个太阳呢，你咬一口。

猫儿说，你先咬。

我特别喜欢这种细水长流的日子，要多普通有多普通。就是无数个琐碎的日子拼凑成我们一步一步向前的轨迹，大多数人的爱情没有那么刻骨铭心，爱了就爱了，是两个孤独的灵魂在深夜共享一碗阳春面后，变成一个完整的灵魂。所以，你大可不必羡慕电影里的爱情，那是它把升华的样子给我们看。

有机会我一定请你吃一碗阳春面，所以当我问你，饿不饿，你一定要回答我，饿。然后我就系上围裙，下厨。

3

你知道这个世界上有一个孤独的人叫作凡·高吗？

对，他是一个画画的。他有满屋的向日葵，却在阳光充沛的田野上，对着自己的身体开了一枪。往后，孤独的人都喜欢抬头看星空。

向日葵围着太阳转啊转，孤独的星星对着地上孤独的人眨眼睛，一闪一闪亮晶晶。

鹿儿指着星空问她男朋友，你说，星空那么大，星星不说话，它们怎么相爱啊？她男朋友不说话，就那么盯着她看，眼睛一眨一眨的。

她问，你说呀？

她男朋友还是不说话，就那么盯着她看，眼睛又一眨一眨的。

她说，你说呀？

她男朋友说，就是这样远远地看着，喜欢就眨一次眼，喜欢就眨一次眼，所以一闪一闪亮晶晶。

鹿儿想起以前恋爱的时候，她过生日，男朋友递给她一张银行卡，说，给，使，劲，刷。她没有接，笑着看着她的男朋友。

她的男朋友说，你不打算奖励我一下下？

她把手里的碗递给她的男朋友说，给，使，劲，刷！

鹿儿跟她的男朋友说，以前你那么有心，还每天送我回家，是不是担心我？

她男朋友诡异地一笑，说，你想多了，我是等万一你说，要不要上楼喝杯咖啡？都等到结婚了，你都没说。

　　她说真正打动她的，不是她男朋友刷卡的样子多潇洒，而是他刷碗的样子。他知道她冬天爱冻手，所以他承包了整个冬天的碗；他知道她怕黑，所以他陪她坐在楼顶上数星星。鹿儿说她见过最美的星空，萤火虫一只一只又一只。

　　她的男朋友说，以前愿你如我命中星辰，挂在南天边，我要深夜赶路。你无须替我照亮，当我抬起头看见你，知道方向在哪里就好。后来想你成为萤火虫，是我生命里的一束光，我路过的风景想跟你一起路过。

　　鹿儿想起结婚的那天，主持人说了一大通生老病死贫穷还是富裕，你愿不愿意跟她永远在一起？她男朋友一直一直没说话。她看着他，他眨一次眼，她眨一次眼，他眨一次眼，她眨一次眼，然后她笑着哭了。她男朋友说，我愿意。那长久的一段安静吓得大伙大气不敢喘，这一声我愿意，响起大伙热烈的掌声、欢呼声。

　　主持人说，现在可以吻你的新娘了。

　　鹿儿刚想踮起脚，被她男朋友按住肩膀，她男朋友低下头凑到她耳边说，别动，我高，我弯腰。

你听过最好的爱情是怎么表达的？绝非是简单的一句我爱你，应该是千丝万缕归到生活里的每一个细节。不说话的爱情，嘴上不说，心里惦念，该做的一件不落。甜言蜜语靠练习就可以出口成章，只有真正来自生活里细节的爱，是经过千锤百炼的。把爱稀释，渗透到你喜欢的一切里，然后在一切里发现被爱的痕迹，那才是有趣的爱。

我称呼这一切叫默契，是真的把对方放心里，才能体会到的美妙。她一抬手，你就知道把手边的果汁递给她；她一张口，你就知道她想要的是什么；她一眨眼，你就知道，她爱你。所以，你一眨眼，算是回应，我也爱你。

4

你尝过孤独的滋味吗？

对，就是"饥"和"寒"爆锅，最后浇点"迫"，然后迎着风吃，若是没啥忌口的，天上再飘点雪。嗯，书上说这玩意儿叫"饥寒交迫"，这该是所有孤独的根。根在这里，能开出一大片的酸楚，这酸楚正适合刚出锅的热乎饺子，而大多数人的孤独感就来源于此。

所以，觅食是我们对付孤独的方式。我喜欢那种街边摊、小门店，有肉夹馍、土豆卷饼、素馅火烧、炸串、炸鸡柳，是小吃就好，能打包带走的那种。每次站在这种摊边或者小门店前，我都习惯点一大堆，至少两人份，这样没人知道我是孤独的。

我相信食物是可以治愈孤独的，会温暖和填充一个人空荡的胃，所以你看，爱多简单，我愿意喂你，只要你真心拿爱与我回应，什么都愿意喂你。我习惯了每次出差都会在住的地方一公里以内的街道走走，如果看到 24 小时便利店、小吃店，就会踏实。习惯熬夜的人最容易缺乏安全感，当孤独来的时候，食物不会背叛，那是唯一可以用金钱买来的心疼。

你站在街边看着小吃，蒸腾着热气，那样子很酷。你仔细听，那些食物都在说话，他们等待着被认领，选我，我好吃。煎饼果子说，我心里装着果子嘎嘣脆。肉夹馍说，我心里有红烧肉，可香可香了。关东煮说，我有鱼丸、鱼豆腐、甜不辣。你看，连食物都懂，出来混，没点拿手绝活，怎么讨人欢喜。所以，你出来爱，就要爱得坦荡荡。

你有一碗孤独，我有一碗倔强，孤独和孤独会一起开花，倔强和倔强会一起结瓜。现在我们所经历的一切，不过是三年前、五年前，我们引以为傲的决定，我们花时间去经历，不是为了印证我们到底对不对，而是我们越长大越知道，爱情是锦上开朵花，你得先有块漂亮的锦。种豆得豆，种瓜不一定得瓜，可能瓜最后给了猹。

你一定会有对付孤独的良方，未必是跟谁恋爱，涮串配着阳春面，一串又一碗，一碗又一串，你先吃饱。手凉，未必需要另一只手温暖，捧一杯奶茶就够了。困了，未必找一个怀抱当枕头，闭上眼就可以做梦。那时，你说，嗯，这份爱情尝起来还不错，来，你也尝尝。

但愿你能懂得孤独的时候得到爱情那是侥幸，万一看错了，那失去的可是人生啊！所以，趁饿着吃点热乎的，恋爱的事先放放，胃暖暖的，很舒服，比爱你还舒服。

姑娘别担心，我俩还在一起

1

在我大婚归来，从包头到青岛的火车上，我的上铺住了一个姑娘。她从集宁南上车，拎着大包小包。我帮她把大箱子放在行李架上，她说谢谢，然后请我吃风干牛肉。我说谢谢，但是没吃。

她转身坐下来，顺道开了一瓶啤酒，往桌子上摆了鸭脖、花生米，一副很开心的样子，她问我，要不要喝点？

我说，我已经连喝三天了。

她说，有那么开心的事，一开心就是三天啊？

我羡慕她有这么简单的人生观，开心就喝酒，喝酒就开心。在我的世界里，我只喜欢两种女生，豪爽得像条汉子或者萌得像是一只蹦跳的小鹿。如果爱喝酒的话，那么印象分再加 5 分。会喝点小酒的姑娘，多数都很有趣，两杯下肚，脸微红，然后就可以给你讲许多有趣的故事。她没有不愿示人的伤疤，她豁达，把所有前任给的伤都笑成是刺青。

然后我回答她说，对啊，我大婚。

她笑着说，真羡慕你，你媳妇一定很漂亮吧？

我笑了笑，嗯，很漂亮，她就坐在你的旁边呢。

她转过头看着我媳妇说，姐姐你好。

我问她，你去哪？

她突然一下子很忧伤，说，去见我未来的婆婆呀。可惜，我婆婆不喜欢我，她嫌我们两家离得太远。本来都快要订婚了，哎，关键是我们都还没有见过一次面呢。说完，姑娘就猛灌了几口啤酒，吃了几颗花生米。

我问，有多远？

她说，应该有 500 多公里吧！

我和我媳妇突然都笑了。我说，500 公里那叫远，你是不是逗我呢？你知道我跟我媳妇距离多远吗？30 个小时的火车，5 个小时的汽车，几乎要穿越大半个中国呢。

　　她说，可能是借口吧。以前，我只不过多看了两眼橱窗里的裙子，他就给我买了；我只不过多看了两眼路边的糖炒栗子，他就给我买了；我只不过多看了两眼章鱼小丸子，他就给我买了。他那么疼我，疼得那么单纯，所有我看上的，只要他有，只要我要。

　　我说，那你应该很幸福啊！

　　她说，可是，会被误以为是一个欲望太多的姑娘，恋爱动机不纯。人家总以为你是依附于别人，你贪图的太多。可是，我从来没有张口要过，因为这一切我都可以自己买给自己。他喜欢我的方式是买，我喜欢他的方式只能是接受，可是，在外人嘴里，总是得到这样的评价：那个姑娘好贪婪！

　　我说，你可以暗示拒绝。

　　她说，后来，我买了一副墨镜，酷酷的那种，他再也没有见过我要的眼神。你说，下大雪的深夜你顶着风去买了一碗酸辣粉，跟艳阳天里他给你送来的一碗酸辣粉，哪个更好吃？

2

那天挺巧，我刚好听到一首歌这样唱：我已经相信有些人我永远不必等，所以我明白在灯火阑珊处为什么会哭。火车窗外是一茬一茬的麦田。秋天到了，我们一人一把镰刀，收割我们的一亩三分地，从此恩怨情长，你与我再也无关。

姑娘本来叫于歌，我猜应该是傍晚夕阳，那一首打渔归来的渔歌。她妈妈听算命先生说，要三个字，于是中间给加了一个"笑"字，现在姑娘叫于笑歌。大概她妈妈没多少奢侈的要求，只要姑娘一辈子能笑，便是最好的一生。可是，现在她哭了，就坐在我对面哭，那时窗外灯火阑珊。

旁边一对老夫妻问姑娘，你哭什么啊？

于笑歌不说话，一边喝着一边哭，我知道她的悲伤。

于笑歌跟我说，我们异地，男生的妈妈又下过最后的通牒，要么他妈妈死，要么他娶我，二选一，所以男朋友压力很大。最后男朋友跟我说，喜欢上了另一个姑娘。

于笑歌从来没有贪图过什么，偏偏她男朋友的妈妈误会了她，她从来没有张口要过，除了她跟她男朋友一起唱 RAP 的时候，喊过"要，要要切克闹，煎饼果子来一套"。如果非要说贪图，那就是她贪图跟男朋友在一起每一段快乐的时光。可是在那段最煎熬的日子，他妈妈闹得不可开交，她没有在她男朋友身边。那是她最懊悔的一件事，所以她坐火车连夜去找她男朋友。

她在男朋友家楼下的小店点了酸辣粉。对，她迎风走了一里地，差点迷了路才找到。她给她男朋友打电话，她男朋友不接，她给自己的双手哈气，蹦蹦跳跳，从 1 数到 100 从 100 数到 1。那天雪花落满了头，她看见她男朋友从楼道里跟一个姑娘一起走出来。她唯一恨的是为什么自己那么笨，连说一句你好，都说得那么不顺溜。

姑娘问，我是不是很傻?

老太太笑着说，我年轻的时候跟你一样。

姑娘问，那后来呢?

老太太说，哪管那世俗的偏见，那时候一个女的读那么多的书，追求的就是自由恋爱，我喜欢你，你喜欢我，上刀山下火海，也会赴你之约。哪管两家人被村里耻笑，爱了就想尽一切办法在一起。

姑娘问，那现在呢?

老太太说，异地好多年了。

姑娘问，你不想他吗？

老太太笑笑，想啊，想的时候就抬头看看天，你看，我的颈椎不好，就是落下的病根。

姑娘问，他是飞行员？

老太太笑得上气不接下气，回了一句，嗯，长翅膀的天使，应该算飞行员的一种吧！

无论哪一辈的爱情，样子大抵相同，我们都曾奋不顾身，我们都曾被偏见伤害。可是，管不了那么多，我们尝到的是我们自己爱的味道，外人不懂。他们总拿世俗的那一套幸福标准来衡量我们，他们说，你们爱得真荒唐。可是，他们永远不会懂，荒唐应该也算是糖的一种，是糖，我们就总能尝到甜甜的味道。

后来，于笑歌的男朋友买了大份的酸辣粉，给她送过去。她不接电话，他在楼下等了大概半个小时，或者更长。那艳阳天，暴晒，然后于笑歌下楼，他们在公司楼下的太阳伞下的桌椅上吃。他笑着问，好吃吗？

于笑歌问，那姑娘呢？

男生说，哦，你说我姐啊，早回她婆家了。

那是他们唯一一次分手，超过了近 3 个月，于笑歌差点以为那次就是真的了。他们玩了一个你不理我我就不理你的游戏，她真的不想赢。

我记得海明威说过一句话：我同情所有不想上床睡觉的人，同情所有在夜里需要光亮的人。对，他说的就是躺床上抱着手机失眠的每一个你，我想后面应该还有一句：怕梦里没你是一场失望，怕梦里有你不舍得醒来。或者另一句：要不是等你一句晚安，谁他妈失眠啊！

所以，那天，于笑歌站在两节车厢的交接处，她问别人要来一支烟。可惜，她不会抽，呛得直掉眼泪。她是故意的，这是她掩藏悲伤的方式。

我说，别因为孤独或者难过沾染上不好的习惯。

她指了指手里的烟。

我点点头。

于笑歌说，不会的。有些东西想去尝试，但是你知道它不是你想要的，不过是借一个有趣的皮囊行使想念的权利。

我说，你抽烟的样子很孤独啊！

于笑歌问我，你知道这世上什么最孤独吗？

我说，开在山谷的花，到花落都等不到有人来观赏；落在梅枝上的雪，到融化都没有人来用它堆雪人；还有正在行驶的火车，在一条轨道上，来来回回几十年。

于笑歌说，不是，是卫星。它从一出生，命运就是背井离乡。穿越大气层，去另一个轨道，它要告别草地、告别大树、告别远山、告别湖海，它要上天，跟星星肩并肩。你看，每一个远嫁的姑娘，像不像是一颗被放逐在外太空的卫星，她只能靠发送信号告诉老家的人，我很好。

我透过车窗的玻璃，隐约看见于笑歌哭了。

3

那天于笑歌问我，你有没有听过一首歌？

我问，哪一首？

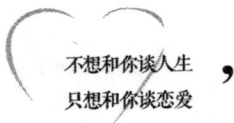

然后，她轻轻地哼唱起来。她唱得很好听。嗯，她走进了那首歌：我爱上，让我奋不顾身的一个人。我以为，这就是我所追求的世界，然而横冲直撞被误解被骗，是否成人的世界背后，总有残缺。我走在，每天必须面对的分岔路，我怀念，过去单纯美好的小幸福。爱总是让人哭，让人觉得不满足，天空很大却看不清楚，好孤独。

火车车窗上倒映的她的脸，好孤独，可是，那张脸以前被捧起过，应该也靠近过另一张脸，可惜现在这一张脸，离得最近的，是城市黑黑的天空。

她问我，为什么全世界都劝我放弃，我还是想站在他面前，再拉一下他的手，问问他愿不愿意带我走。

我说，那大概就是爱情吧！

她笑着说，你知道习惯性分手吗？

我问，什么意思？

她说，我们常常会因为各种小事吵架，吵到最后，就是分手吧。上一次，是我们第 37 次分手，分手的时候，我们互不搭理，然后事就过去了。其实，后来才知道，那些事从来没有被解决过，只是一个一个被堆积起来，就像夏天的麦堆。每一次吵架，都像是一场雨，然后有一天所有问题开始发霉。

我问，你有多爱他？

她说，你见过夏天的麦浪吗？就是那样一波又一波。有时候恨得牙疼，分分钟想要跟他同归于尽；有时候爱得肝颤，离开他一秒，感觉都要死掉。反正都是一死，不如跟他一起，至少不孤独。

我接着问，他有多爱你？

她说，他是那阵风，风吹麦浪。

她听过太多人劝她分开，她在爱里活得那么辛苦。她问我，万一这次，我跟婆婆聊不来，怎么办？万一婆婆还是不喜欢我，怎么办？她心里一万个可怕的万一，却从来没有想过一个万一，那就是万一自己想多了呢。

我就告诉过她一句话，那就再试一次喽！

后来于笑歌在微信上告诉我，她订婚了。她很开心地告诉我，她的婆婆是一个很有趣的人，是一个广场舞领舞的少女型的人。她的舞步很快，所以孤独，因为从来没有追上过她的。

可是那天，她婆婆告诉她，怕她儿子结婚以后家里的户口本上就剩下她一个人了。于笑歌一下子心软了，她问自己，这还是那个广场上跳着"巴扎嘿"的耀眼的小老太太吗？

我们心里都有最脆弱的开关，只不过我们时常披着坚硬的壳。我们横行霸道像是一只大螃蟹，可是被清蒸了；我们张牙舞爪像是一只大鱿鱼，可是被铁板烤了。后来，我们遇见了一个人，他来剥我们的壳，他看见了我们最脆弱的心房；他来切我们的爪，他看见了我们伸出的想要握紧他的手。

4

你说，究竟是什么阻止我们去爱？一直想不明白，物质、性格、家人，还是距离？

我遇见于笑歌以后，想了很久，终于知道，能阻止我们爱的，除了不爱，是那些来自内心未知的恐惧，偏偏我们觉得是现实里的不通融、不理解；是我们恐惧面对面交流，所以一开始我们就给自己设置了不可能的门槛。我们听了太多不好的故事，以为绕开了坑，但仍过不好自己的一生。

以前我觉得不可能，我怎么可能去爱 3000 多公里以外的一个姑娘。当马奶酒满杯，当酸菜排骨上桌，当焖面起锅，你沉入梦境，你浮出尘世，那个人都在，你才发现，那些不可能的爱在你迈出第一步的时候，一切都在慢慢地、慢慢地，发生了变化。等回过神，反正闲着也是闲着，不如结个婚喽。我没时间许愿，我把时间都用在了去实现，所以，现在我们在一起了。

那天姑娘就坐在我对面，那么端庄，一手拿着啤酒一手捧着爱。她不怕千万人阻挡，好在最后自己一个人没投降，这世上的坚持和善良都有好报。要不是为了吃一碗地道的酸辣粉，谁会轻易甘心排个十几分钟的队，别只是嘴上说在一起，你看，薯条和番茄酱那么般配，你知道它们当初是土豆和西红柿的时候多努力吗？

愿你明白爱情是什么，知道什么叫永远。如果我是你，如果我还年轻，我就再试一次喽，反正爱给一条狗或者一个人，没啥两样，狗会蹭你的小脸，人会跟你说宝贝。无非是两种爱嘛，"你慢点，等等我"，"你快点，我等你"，一切都来得及，我们又不着急赶路，火车正点晚点你都得享受，所以我相信，只要在一起，在哪里都是最好的。

那天于笑歌下火车的时候，微笑着向我招手。火车启动的时候，我看见她的影子越来越小，那一刻，她像是一颗卫星，才刚刚燃烧完第一节燃料，还在往前冲。

醒来觉得甚是爱你，所以说声谢谢

1

我在等一趟从北京南发往青岛的高铁，7月11号，G185。

我经历了一个有趣的夜晚，在北京南站露宿了，对，席地幕天那种。难得那天星光很好，广场上很多人，没人关心你是谁，光鲜还是落寞，反正大家都是过客，躺下一起看星光。嗯，我开了一瓶sprite，点了一支烟，躺在北京二环和三环之间数星星。

7月10日晚上去见了一个7年未见的老朋友，喝了一点小酒。少年已经不再年少，蓄起了胡须成了一个3岁孩子的爹，姑娘已经不再年轻，现在努力减肥准备生二胎。这些年过得不好不坏，只是好像少了一个人存在。还记得大学时候，喝酒、撸串、谈情说爱。有一回我喝大了，把宿舍的木门踹了一个大洞，当时罚款200元多吧，宿舍的兄弟凑钱帮我交上。现在，面对面聊过往太重，谈未来尚浅。当年的爱情都走了，好在兄弟的感觉还在，举起杯，一起干一个。

2

晚上 11 点，我从五道口转乘一次地铁去了北京南站。从南站北口出来的时候，我临时做了一个决定，取消了预定的酒店，我决定在北京南站的广场上睡一晚。然后我准备找一个 24 小时便利店弄点吃的喝的，就一直往北走。

一个 20 出头的姑娘问我，住店吗？特色酒店。她故意加重了特色两个字的分量。我打量了一下她，问，有特色服务吗？她突然来了兴致，问我，哥，你喜欢哪样的？我说，你看见那边那个小树林了吗？她捂着嘴突然笑了，哥，你口味够重啊！我说，你咋知道的？我要一桶方便面，两根肠，一个卤蛋，一瓶啤酒，一瓶雪碧，记住方便面要老坛酸菜的，我口味重。我一边指着小树林后面的便利店，一边掏出 50 块钱递给她。她疑惑地看着，我笑着说，谢谢。

下午 3 点，我开完会，从北京西站转乘去五道口，跟老朋友喝酒叙旧。然后从五道口转乘到北京南站，除了坐下来吃了一顿饭，其余时间不是走在去地铁的路上，就是站在地铁上，现在两条腿就像踩了两筐柠檬，酸死了。

姑娘从便利店回来的时候，我躺在地上，那时候第二根烟快抽到烟屁股。她把我晃起来说，给。然后又说了一句，你真是一个奇怪的人。我吃了一口泡面问，哪里奇怪啊？姑娘问，你好好的，为什么不去住酒店呢，怎么学人家躺广场上？我苦笑，我没钱。姑娘说，我不信，看你这打扮，鸭舌帽小胡子，搞艺术的吧？

我问，你年纪这么小，怎么这么拼啊？找一份坐办公室的工作多好。

姑娘说，这个来钱快。我 18 岁就来北京了，已经待了两年了，不过后天我就要回老家结婚了，可能以后再也不会回来了。

姑娘说话的语气像是有过很多经历的那种人，我想听听她的故事。你经历山川河流都没用，她眉眼一笑，你就知道你要的春秋夏冬，她都历历在目。我问，你要不要来瓶酒，给我讲讲你的故事？

姑娘问，你是刚来北京，还是从北京离开？

我问，这有区别吗？

姑娘说，如果你是来北京打拼，我就不讲给你听了。你要相信，北京是一座相信梦想的城市。如果你是离开北京，我就跟你絮叨絮叨，反正喝了这瓶酒，以后谁是谁啊。

我从背包里掏出 7 月 11 号 G185 北京南至青岛的火车票给她看。她问，回家？我点点头。

姑娘说，我 18 岁的时候最向往的城市就是北京，我的梦想是考到北京的大学，直到我来到北京才知道，这里是一个最不缺梦想的地方。那一年我发挥失常，二本的水平，我想复习一年，回家跟我妈说。我妈跟我说，妮儿，要不咱不上了吧，你说你一个女娃学那么多干吗？将来还不是要嫁人。那天，我跟我妈大吵了一架，绝食两天。后来我妥协了，然后带着王朔的一本小说就跑到北京了。

我问，你这是离家出走？

姑娘说，不是赌气离家出走，而是我知道我弟得了一种挺奇怪的病，后来化疗花掉了很多钱，家里一下子欠了很多债，我就到北京打工了。这两年挣了点钱还债，上个月把我弟送走，现在我想回家，结婚生娃。

我问，那你现在后悔吗？

姑娘说，后悔啥？你没去做，没努力过，你才后悔。我弟临走前，就跟我说了一句，姐，如果有下一辈子，换我当你哥好吗？他才 10 岁啊，10 岁你知道什么概念吗？然后姑娘咕咚咕咚喝了小半瓶啤酒，一句话不说。沉默了好大一会儿，姑娘问，你有喜欢的作家吗？你看，我多傻，因为喜欢王朔的小说就跑到北京了，一待就是两年。

我说，将来一定有很多很多人看到你的故事，那个时候我希望你幸福。我答应你，不问你的名字，如果有一天你看到这个故事，你记得有两个卑微的人，在北京二环和三环之间，喝着小酒聊过梦想就好。

姑娘问，你到底是做什么的？

我说，等有一天，你一定会知道，我们会换一种新的方式，重新遇见一次。那个时候我们一定会迎着阳光，说，你好。

姑娘笑了笑说，梦想真的好卑微呢，如果不是我弟弟的事，我现在可能是一个流浪歌手。

我说，那你给我唱一首呗。

姑娘说，那你转过身去，你想听什么歌？

　　我一边转身一边说，都好，只要你喜欢的就好。如果你喜欢唱歌，你可以继续啊，你相信我，梦想一定不会辜负善良的人。你开始唱了吗？我转过身来，姑娘已经离开，她走的时候背影自带光环，很好看，那种特效只有天使才有。真的，因为迎面过来一辆车打着闪光灯。

　　你说你喜欢雨，雨来的时候你撑起了伞；你说你喜欢风，起风的时候你关上了窗；你说你喜欢香辣皮皮虾，虾端上桌的时候你剥壳全吃掉了。那些说出口的喜欢，不过是一种情绪，你说的喜欢山雨欲来你销声匿迹，反而那些藏在心里的喜欢你舍得拿命来兑一个万物复苏。

　　我忘记是谁说过，你学过的每一样东西，你遭受的每一次苦难，都会在你一生中的某个时候派上用场。

3

　　姑娘走后，我离车站的方向近了一点，在车站的右侧坐下，开了一瓶雪碧。旁边有一对老夫妻躺地上，老叔拿扇子扇着，蚊子挺多的。我点了一支烟，抽了两口，老叔起身走过来跟我说，她老伴有点哮喘，闻不得烟味。我忙说，对不起，然后捻灭了烟。老叔问我，小伙子怎么不住酒店啊，是不是没钱了？

我撒了谎说，早上的车，熬几个小时没问题，住酒店怕过点了。实际上我是中午 12 点多的车。我问，叔，你跟婶咋不住酒店呢？

老叔说，哎，能省点就省点，天儿又不凉，孩子挣钱也不容易。我跟你婶没打算出来旅游的，孩子非给订了票，这不来玩了三天。以前年轻的时候啊，就说带你婶出来转转，后来有了孩子，想人生路长着呢，等孩子长大吧。孩子长大了，又结婚生娃，现在我孙子两岁了，这么高了。老汉边说边给我比量，开心地笑着。

然后老叔接着说，现在孩子又都上班，我们帮着看孙子，你说哪放心找保姆看，多浪费钱啊。出来旅游也不踏实，老惦记着家里，还是趁年轻出来走走好。以前的时候老以为等有时间了，你说哪有啊，做父母的呀，天生就是欠孩子的。不跟你说了，我给你婶再扇一会儿蚊子，车站人多比较杂，别睡得太实。

后来我找了一个护栏边靠着，把包靠在身后。微信上收到一个朋友的消息，她问我，你去北京干吗？我说开会。然后我拍照告诉她我在北京车站的街头露宿。她说，多危险啊，你快点找个酒店，以后等我在身边的时候，咱俩再一起流浪。那时候酒满上，先撸 20 个烤串，走起。我说，我都感动哭了。她说，也就我能陪你这么傻了。我说，你不补这一刀，咱俩还是好朋友。

她问，你是不是结婚了？我看你更新微博了。

我说，等你结婚了，我就结。

她说，你一定比我结婚早。

我说，好吧，那我不等你了。

知道终究有这么一天，我在前，你在后。年轻的时候喜欢过，那是一段有花开的路，这么巧，你也路过。天各一方，各自摘一朵佩在胸襟，我谢谢那个遇见你的我，如果我有手捧花一定送你，就算击鼓传花，那个鼓点一定落在你身上，那鼓声好奇妙，像是初次遇见你的心跳。

往后知道谈不上等与不等，你一定是蒲公英，风起来到我身边，风再起消失在眼前。你一定会在南方的艳阳天里开得绚丽，我在北方的深夜里喝酒，想起忘了跟你说声，我结婚了，有空来喝喜酒。

4

现在，你要相信，每一天叫醒你的真的不是梦想，要么是闹钟，要么是蚊子。没错，凌晨四点四十多，我被蚊子咬醒了，天已经放亮了，车站进站口开始聚集了好多人。我在车站对面的马路上点了一支烟，等五点半车站开门。

人群拥挤过安检，我踩灭烟头，背起包进了车站，找了一个空座，然后靠着睡了起来，第一次被吵醒是一个东北姑娘跟乘务人员讲她嫁到瑞士，然后回国跟老公旅行。第二次被吵醒是微信收到一个朋友的信息，她问，醒了吗？那时候快9点了。我去旁边的快餐店点了一杯豆浆两个包子，然后去站外抽了一支烟，买了一瓶水。

后来，我又靠在墙边睡着了，人潮人海中睡着了。那时候阳光透过高高的玻璃窗，感觉真棒。不知道啥时候，被旁边聊天的人吵醒了。两个老太太和一个老叔，他们应该是火车站的捡瓶子一族，一个拉手拉车的老太太车子上有很多的空瓶子，我不知道他们是出于什么目的在北京车站选择这么一种职业。

一个胖点的老太太说，你把那个纸箱子撕给我一半，我晚上睡觉垫着。

老叔说，等我再捡到了给你，或者等我睡一觉醒了给你。

我听得断断续续的，他们说的是方言。后来另一个瘦点的老太太说，老姐，我今年74了，属小龙。你比我有福啊！我儿子都是偷偷地给我生活费，我那儿媳妇，哎，凶得很。

他们一直聊着，应该是家常。后来胖点的坐在手拉车上的老太太站起来，说，不跟你们说了，我一会儿收拾一下回老家。我老妹的孙子结婚，我要随礼，给包个红包，回家喝喜酒去。

瘦点的老太太紧紧地握着她的手，说，怕是，咱老姐妹这一别，以后可能就不见了。

胖的老太太说，瞎说，咱们身板好着呢，你们俩都等着我，我给你们带好吃的。

胖的老太太走后，瘦的老太太说，我刚检查出来，癌症晚期。

老叔说，啊？你儿子知道吗？

瘦点的老太太说，不想连累儿子，他也挺不容易的。何况他还要养孩子，我孙子今年参加高考。

老叔突然问了一句，你是不是早上没吃饭？我去给你买个包子。

瘦点的老太太说，算了，省一顿吧，车站里面的包子都挺贵的。

老叔笑着说，不贵，你说，想吃啥馅儿的？

我们常常挖空心思讨一人欢喜，最后兵败城破留一人狼狈。我们常常知道疼人的千万种方式，最后却只选择一个人迎着风往前冲。我们常常舍不得给自己买点什么，最后却敢一毛不留地为喜欢的人买这买那。

我们一点也不傻，这就是我们爱的方式，你说，于千万万个人里面遇见你，那该多幸运。我们宁愿自己累点、委屈点，就是让你觉得这个世界还不坏。我们一生所累的人，注定是我们一生所爱的人，没有早一分，也不会晚一秒，真的。你听：各位旅客，你们好，由北京南开往青岛去的动车185次列车，已经请旅客们上车了，有去往青岛的旅客，请到十四检票口、十五检票口检票。

我爱你，爱你，你

1

"老板，还有鱼丸粗面吗？"

"最后一份被那位先生点了。"

好吧，故事从一碗鱼丸粗面开始。按照常理，我会再点碗鱼丸河粉，可是，麦子姑娘不是这样的人。她喜欢的东西，一定要吃到。她径直走到那个男生面前说，能不能把你的鱼丸粗面让给我吃，我给你点一碗鱼丸河粉？

男生说，对不起。

几年前，她就比我更懂：主动出击才有机会得到你想要的。她站在公司楼顶上啃着面包跟我说，我恋爱了。那脸上的笑，真美、真甜，真的应了那句，春风十里、啤酒配炸鸡，都不如你，杧果配奶昔。

我说，你笑得真甜。

她笑着说，那可不，面包里有淀粉，只要开心地咀嚼，就会生成麦芽糖。

我问她，恋爱里女生太主动真的好吗？

她满嘴塞满了面包，喝了一口牛奶，那笑容特满足。她反问我，你知道守株待兔的故事吗？

我说，知道啊！

她说，我好好给你科普一下，意思就是，在爱情里呢，你守着一个大木桩子，你只能等到一只兔子，可是你自己要是往森林里走呢，你就成了兔子。那么多漂亮的树，当然选一个喜欢的，撞个满怀喽！

她问我，你呢？

我说，我在等一只兔子。

后来，我还真遇见了一只漂亮的小白兔。小白兔问我，大树，大树，你有胡萝卜吗？我说，我有一树的树叶，阳光穿过树叶可漂亮了。然后小白兔就在树下种萝卜，我摇着树叶。秋天的时候，小白兔说，大树，大树，你喜欢吃胡萝卜吗？我说，好啊，好啊。我们一起在树下吃胡萝卜，那时候我才知道，我是一只叫作大树的小白兔，真奇怪，我以前一直以为我是一棵大树呢。可能是我站得太久了，站成了一棵树吧！

现在想想爱情真的很奇怪呢，那么纠结谁先张口干吗？你先张口说我喜欢你，我回，这么巧，我也喜欢你，这就是最好的时光。你说暧昧多伤人，你不张口，握着拳头让我猜，我不张口，握着拳头让你猜，猜来猜去，石头剪刀布，总归有一个人输嘛。

我还是觉得喜欢就张口，去争取一下，不去尝试的结局只有一种，在遗憾中错过。张口的结局是另一种，得到回应。你看，这回应多美，你对着山谷大声喊：我爱你。你听，山谷传来：我爱你，爱你，你。所以说，你只不过对山谷做了一件事，可是山谷告诉你，有三件事更重要，我爱你，爱你，你。

你对着春天的梯田埋下了种子，梯田会在秋天回应一场稻浪给你。你说，可能你辛辛苦苦从春到秋颗粒无收，你蹲在田埂上只剩下难过，这难过并不是秋天给你的，你听过拔苗助长的故事吗？因为你太着急收获，你一棵一棵把禾苗拔高，是你亲手毁掉了春天的理想。你不知道等待，爱情天生就不是一件讲究回报的事。

当我们跟喜欢的人表白，被委婉地拒绝，那难过不是对方给的，是我们自己给的。你太想得到，所以失望值就越高。我们低估了两个人之间的关系，以为除了爱情就是陌路，因为你说你不缺朋友，爱情天生就不是一件非黑即白的事。

麦子跟那个男生说，要不你尝尝鱼丸河粉，挺不错的。那男生反问，那你为什么不点？

麦子姑娘哇地一声就哭了：为什么全世界都要跟我争？吓了男生一跳，男生说，好了，算了，怕了你了，跟你换。麦子姑娘瞬间喜笑颜开，开开心心地去点鱼丸河粉了。这是她告诉我的道理，面对喜欢的东西你都不争取一下，还怎么好意思说喜欢。

2

"我只想问你最后一个问题。"

"好吃。"

麦子最喜欢吃的是泡椒凤爪和甜辣鸭头，她可以用一部电影的时间吃掉 5 袋凤爪、8 个鸭头，这是她正常发挥水平。后来，我遇见她，她站在鸭脖、鸭头的橱窗前看了又看,我问她,你想吃?

她笑笑,闻闻味就好,早戒掉了。

我问,真的?

我特疑惑,这不是麦子的性格啊,她怎么可能管住嘴?她是那种正餐吃得饱饱的,还要喝个汤漱漱口。汤又喝多了,再加个烤馒头吸吸水的。

然后我买了一大堆鸭头、鸭脖、鸭锁骨、海带、腐竹、小鸭舌,当然还有易拉罐啤酒,当着她的面吃,吃得很开心。我问,不来点吗?她摇摇头。再后来,我急了,跟她说,不给我留点吗?她摇摇头。那时候她大概一年多没吃她喜欢的小吃了,后来我才知道,她男朋友丢了工作,两个人只靠她的工资生活。她终于变成了一个勤俭持家的姑娘,可是这并没什么用,一年多以后,他们分手了。

分手的时候,她就跟她男朋友提了一个要求,咱们能吃一顿好点的吗?

她男朋友问,去吃鸳鸯火锅好吗?我记得咱们第一次约会吃的就是这个,你特爱加鱼丸和粗面。

她问,都分手了,吃鸳鸯火锅合适吗?

　　她男朋友说，我希望结束的时候，还是我们开始的样子。这是我生命里重要的两天，我遇见你的时候冰川融化企鹅和北极熊拥抱，我们分开的时候最后一片树叶和树枝告别。

　　火锅上来的时候，她男朋友的筷子已经夹起了辣锅里的肉。她很诧异地说，你不能吃辣啊！

　　她男朋友说，总归要尝尝你生活里的东西，万一有意外惊喜呢？

　　对啊，万一有意外呢？我们给自己无数次机会去绝地反击，因为我们相信，好的应该回来，我们却不愿多给爱情一个机会，它来时你满腔激昂，慷慨陈词，它走时你沉默不语不愿为它多辩驳一句。于是，爱情被动接受结案陈词，连挣扎的机会都没有，为什么不尝试一下，万一有意外惊喜呢？

　　我们从来不是喝第一瓶汽水就中"再来一瓶"，我们从来不是第一眼就遇见爱情，既然能碰到，那该多幸运。为什么我们尝过了它的甜蜜期，就想把它弃而远之，不愿意帮爱情度过这青黄不接呢？你看，我们对爱那么势利，怎么可能不累呢？

　　她男朋友吃得满头大汗，一边擦着汗一边给她夹肉，你尝尝这个，你尝尝那个。要不是麦子心里提醒自己这是散伙饭，她真的以为，这就是他们在过周年纪念日。有那么一刻，麦子觉得她男朋友好可爱，她大口吃肉、大口喝啤酒，吃着，喝着，突然眼泪唰地一下流了下来，她哭着说，好辣，好辣！

可惜这个借口很烂，她男朋友太清楚她了，她以前还赢过吃变态辣鸡翅比赛的冠军呢，连吃 8 个变态辣鸡翅，都不带喝一口水的，这辣味才哪到哪啊！

她问，你不挽留我一下？

她男朋友笑着说，算了，不想你继续陪我受苦。

喜欢的东西，走的时候你都不挽留一下，怎么好意思说喜欢过，这是她告诉我的道理。后来，他们只剩下两句话，对，回到故事开头的两句话。麦子问，我只想问你最后一个问题。

3

"你猜，如果 7 天不吃饭，会是什么样子？"

"会饿死吗？"

"不会，所以没有爱情，我也不会死。"

麦子的父母从一开始就不同意他们在一起，可是麦子固执，年轻的时候谁还没做那么点傻事，她跟着男朋友私奔了。她甚至还能想起他们出发的那个夜晚，在火车上，她跟她男朋友说，你看月色好美。

她男朋友说，往后我不会让你受一点委屈。确实，她男朋友说到做到，但日子并不像他们想的那么好，她男朋友丢了工作，只剩下麦子一个人辛苦打工，那委屈受大了。她一个姑娘，生病了死扛，踩着高跟鞋挤公交，跟菜市场的小贩讨价还价，临走还顺人家两根香菜。

我问麦子，这就是你口口声声想要的爱情吗？

麦子终于开始变得沉默，只是低头喝着面前的果汁。我猜她一定要攒一些话告诉我，不是你想的那个样子。我也希望她让我看见，爱情是让一个人变好，是一件让姑娘自豪的事情，最后她努努嘴说，再撑撑吧，总会过去的。

我猜，黎明到黑暗很近很近，黑暗到黎明很远很远，偏偏那一束光会越来越弱。我跟麦子说，你真傻。

后来，我才发现，别人的爱里指手画脚都是挥斥方遒，到自己的爱里都是缩手缩脚算个球，最后都是依靠老天保佑这份感情永久。可是老天给你包邮了一份有甜有苦的爱情，还不让 7 天无理由退货。感情的事，说什么感同身受都是废话，自己的罪只能自己受。

我比麦子就幸运那么一点，我撑过了 7 年，结婚了。谁不知道坚持一下就会变好的，可是，坚持这两字有多难，你知道坚持就一定有结果吗？我猜，你很久没有笑过了，也不知道为什么。

麦子分手后，大概绝食了 7 天，掉了 10 斤肉。她懂那么多的爱情大道理，自己却走不出阴影，甚至连阴影的面积是多少都不知道。反正，努力过、拼过，得不到你想要的，也就没啥遗憾了。爱情不过是一个早晚认输的过程。

有两件事是我们不得不承认的事实，爱情早晚有一天会遇见两个怪物，一个叫分手，一个叫婚姻。爱情最后都会败北，第一种完败，看似颜面尽失，其实它留在了当初那对深爱的人身上，是你走后，留在我身上你的习惯。第二种完败是被亲情覆盖，因为我们知道往后的路很长，我们会不停地制造麻烦，于是我们走成了至亲的关系，我们慢慢地活成了对方的样子。

所以，你笑我就笑了，你哭我就哭了，老话说，这叫共结连理。

所以你疼我必以痛回应，你乐我必以喜回应，我更愿意输在后一种，不是为了颜面，而是我们一直在一起。我记得麦子之前说过，我不在乎你最后爱我的方式，只要我们在一起。从一开始就知道要输，我要把过程撑得美一点，因为日后，很长一段时间，我们回味起来，还会笑着跟自己说，我从来没有输在选择上，你是我一辈子想要的，我拼尽全力了。

麦子说，当你老了，你的孙子、孙女围在你的躺椅边问你，什么叫爱情？你可以骄傲地告诉他们，你看那个浇花的老头，那就是爱情；你看那个炖鱼的老头，那就是爱情；你看我们在一起，那就是爱情。把曾经的喜欢过成一天一天舒服的日子，那就是爱情。

这是她告诉我的道理，喜欢的东西没玩过命付出过，怎么好意思说喜欢。所以，我信，拼嘛，喜欢一个人不就是拼命的过程嘛！

她失恋的那段日子，我一直陪着她，生怕她做点傻事。后来，我们一起去吃饭，她问老板，还有鱼丸粗面吗？老板说，最后一份被那位先生点了。我说，要不我们尝尝鱼丸河粉？她偏不，径直走到那个男生面前。

4

　　我跟麦子姑娘挺像，我们经常去的餐馆就那么几家。我们都害怕面对新的餐馆，在新的菜单出现前，我们都惶恐，怕一不小心就点了自己不爱吃的菜，可是就算点了爱吃的菜，那个菜也可能不合口味，所以，我们不换下家。

　　麦子说，我会常想他的好、他的笑。常想鸳鸯火锅、虾蟹粥，腻一起不舍夜昼。常想，舍命爱一场就好，可惜，青山绿水常在却没叉烧，你说，他现在过得好不好？

　　我问，还爱呢？

　　她笑笑说，我喜欢爱情的甜，我也尝过爱情的苦。你记得我以前告诉过你吗？面包里有淀粉，咀嚼，就会生成麦芽糖。我们常常问自己一个问题，爱情重要呢，还是面包重要呢？我觉得还是面包好，那个糖的甜不会让人上瘾，可是爱情的甜让人上瘾，我怕那种上瘾，能让人上瘾的东西多数都不好，包括爱情。

　　我说，姑娘，爱情没你想的那么坏！

　　我记得微信里一个姑娘问过我，柒叔，结婚是一种什么样的体验？

　　现在我知道我的答案了。那感觉像一个深夜行走的人遇见一束光，像一个极度饿的人遇见一碗热乎的馄饨，像是路过夏天买了一个冰激凌，你一勺我一勺。所以，结婚吧，从那个时候，你一定会遇见一个有趣的人生，雨很大，有雷声，你怕吗？可是好在有阳光、热馄饨、你一勺我一勺的冰激凌。

　　你应该相信所有故事的结局都是好的，如果不够好，你猜它还能坏到哪里去？善有善报，恶有恶报，不是不报，关键是你拿着跟前任吃饭的发票，让现任怎么报？更惨的还在后头呢，算了，蹲下来自己给自己一个抱抱。

　　麦子说过，短期不会过去的，他留在我身上的痕迹，就像山川留给地形的，需要时光去抚平这种褶皱。

　　我问，你信不信，下一场爱情汹涌而来的时候，山川入海底再也看不见了？

　　麦子说，山川的后面，还是山川，可是走过山川的每一步我都记得。

关于结婚这件事，有本事冲我来！

1

我们应该都有点恋物的倾向，小到恋上一块孜然牙签鸡肉，大到恋上一座城。这个物件或大或小，都是一种美妙的情绪。所以，夏夏第一次见鹿叔的时候，她确定这就是她想要的"梅须逊雪三分白，雪却输梅一段香"，后来她问我，你知道帅得让我拔不动腿是什么感觉吗？

我说，女人谈恋爱，那么在乎颜值吗？

夏夏反问说，要不女生看一部韩剧换一个老公，你以为换的是什么？

我说，脸！

夏夏说，对啊，看着都有食欲的脸，多享受。

　　可是我见过的鹿叔，唯一的闪光点就是我们一起去听过一次演唱会，他挥舞着的荧光棒，是人群中最闪亮的一颗星。如果走在人群里，鹿叔是我们常说的路人甲，别人的字典里有帅、酷、霸气，可是鹿叔连字典都没有。我不知道夏夏眼里的帅是怎么定义的。

　　爱情来得太快，就像龙卷风，是不是风一起就看不清脸了？

　　夏夏说，那天跟鹿叔一起去听演唱会，地上还有积雪，她一脚踩下去，然后没有抬起脚。

　　鹿叔问，怎么了？

　　夏夏尴尬地笑笑。鹿叔一下子就明白了，蹲下来，小心翼翼地帮她把雪扒拉开。慢慢地帮夏夏把高跟鞋鞋跟从青石板路的缝隙里拿出来，那一瞬间简直帅爆了，对，当时还有淘气的小孩在雪里点鞭炮。

　　鹿叔的帅，加上小孩的鞭炮，于是组成了对爱情最好冲击的组合词：帅爆了！那么一瞬间，夏夏觉得被征服了，一颗冰冻的心突然听到布谷鸟的一声呼唤，那是春天来的信号，所以我融化给你看。

　　夏夏说，你也来看演唱会？

　　鹿叔说，是听。

　　夏夏问，有区别吗？

鹿叔说，女生喜欢看，女生是视觉动物；男生喜欢听，男生是听觉动物。

夏夏说，你这人好奇怪哦！

鹿叔这么描述当天：我从远方赶来，恰巧你们也在，痴迷流连人间，我为她而狂野，我是这耀眼的瞬间，是划过天边的刹那火焰，我为你来看我不顾一切。简直文艺死了，酸得我们都像啃了两个大柠檬。那一刻，鹿叔是一个耀眼的诗人，后来我才知道那是朴树的《生如夏花》。

我们都跟鹿叔学了一招撩妹技巧：背歌词，一本正经地背歌词。为什么背歌词？念出来严肃正式，显得隆重。如果你唱出来，那节奏就不对了，你要配合舞蹈走位，显得花里胡哨，最关键的一点是，万一跑调就太糗了。所以，念，像个教书先生。

夏夏看鹿叔的眼神都直了，崇拜至极，夏夏说，你说得真好听。

鹿叔说，我还有一句话，说出来更好听。

夏夏期待的眼神看着他，

鹿叔不紧不慢地说，我喜欢你。

夏夏说，你说得真好听，麻烦你再来一遍。

鹿叔说，我喜欢你。

2

喜欢一个人，你愿意把心掏出来给他看，他却问你烤几成熟，要不要放孜然、辣椒面。这是夏夏奇葩的前男友，所以他们分手了，那天我送给她一张演唱会的门票，鹿叔一张，我一张。

鹿叔并不是有多老，只是长得偏急，懂的东西多，辈分大，所以大伙喜欢叫他鹿叔。他在国信体育场门口第一次见夏夏，我脑子当时大概装了一大碗蛤蜊疙瘩汤，为什么要介绍他们认识啊？

那天堵车，我去得比较晚，没有赶上夏夏说的鹿叔帅得让她拔不动腿的那个画面。那天的演唱会，是她前男友最喜欢的歌手，周杰伦。她给她男友打电话，然后周杰伦张口唱：一盏离愁孤单仁立在窗口，我在门后假装你人还没走。夏夏说，你听，是你最喜欢的周董，你以前还说要带我来听他的演唱会呢！

可是，夏夏从电话里听到：你走之后酒暖回忆思念瘦，水向东流时间怎么偷，花开就一次成熟我却错过，谁在用琵琶弹奏一曲东风破。她问，你在现场？

原来很久以前，她前男友就劈腿了，而且还劈成了一字马，他前男友在国信体育场门口给她介绍，这是我女朋友小马。夏夏真真是强忍着没哭。鹿叔牵过夏夏的手说，咱们预定的麻辣小龙虾，去晚了就凉了。

我很纳闷鹿叔的行为，你们很熟吗？整场演唱会也没说几句话，这就牵手了？我这是错过了多少精彩的剧情啊！明明我是编剧啊，明明我介绍他们俩认识的呀，不对啊，这剧情不按本走啊！

她前男朋友很鄙夷地看了一下鹿叔，说，原来你喜欢爸爸类型的，看来你缺父爱。小马跟着哈哈笑。

鹿叔笑着跟夏夏前男友说，换得够勤啊！昨儿不是还跟小胖妹一起看电影吗？不对，前天不是跟大波浪妹子吃麻辣烫吗？哎，上次一起唱 K 的小清纯，你俩早分了啊？

小马说，小胖妹是谁？大波浪是谁？小清纯是谁？

夏夏前男友指着鹿叔说，你谁啊！我认识你吗？

鹿叔很生气地说，行，你有种！咱俩绝交！说完鹿叔拉着夏夏走了，我跟在他们后面，这剧情看得我是一愣一愣的。反正我们身后的剧情是，小马开始咆哮了：你跟谁看电影？你跟谁吃麻辣烫？你跟谁唱K？你给我解释！

夏夏前男友说，你听我解释啊！

小马说，我不听，我不听。

什么叫喜欢溢于言表？是怕你受伤害，然后站在你前面，像是植物大战僵尸里坚果站在前面保护倭瓜。你看倭瓜那么凶没有用，镇不住场子，僵尸哼哧哼哧两口就给吃了，坚果说，有本事冲我来！僵尸哼哧哼哧硌掉两颗牙。

所以，鹿叔冲在前面保护夏夏的时候，我就隐约感觉到鹿叔动了情，难免恶战一场。鹿叔太贱了，他把战火一把丢进了曹营，火烧赤壁啊！我们离场的时候，背后是熊熊大火。

我和夏夏都很惊异，你认识那个男的？

鹿叔说，不认识呀！

我说，你这一出好贱，不过我喜欢。

鹿叔说，其实我是一个演员。我本来跑龙套，一看这女主角被呛，作为一个专业的演员，读过两遍斯坦尼斯拉夫斯基《演员的自我修养》的演员，我觉得应该这样表达愤怒：羞涩中带着一点调侃，调侃中带着一丝邪恶，这样演员的表达空间比较大。你看，咱们都走了，他们的加戏还没散场呢。

夏夏哈哈哈地大笑，说，你个死跑龙套的，在我还没反应过来的时候，抢了男一的戏。

鹿叔一本正经地说，麻烦把跑龙套前面的死字去掉好吗？

我说，鹿叔，你太牛了，我忽然觉得你加一个蒲扇就是诸葛亮。

鹿叔说，此话怎讲？

我哈哈哈大笑说，草船借箭啊！你个大草船！

鹿叔说，滚。

夏夏说，谢谢你替我挡箭。

鹿叔说，哎，明明猎手的人，却偏偏得了靶子的命！

后来，我们在燕儿岛路吃小龙虾。夏夏哭着说，你剥开小龙虾硬硬的壳，你才知道它有多柔软，它把自己活得那么强大，扛着两个大钳子，全世界都以为它多可怕，可是只有懂它的人才知道它多装腔作势。

鹿叔说，你该哭的时候先笑，那么就没人敢欺负你了。听说，初雪的时候，爱笑的姑娘和小龙虾更配，来，张嘴笑一个。

夏夏真的就张嘴笑了一下，鹿叔把刚刚剥好的小龙虾递到她嘴边，她想都没想一下就吃了。鹿叔比我会安慰姑娘，但是他不是传说中的那种暖男，他是暖瓶，他只暖他喜欢的人，他把他一肚子的热一股脑儿地倾给一个人。我记得后来鹿叔跟我说，没有捂不热的心，只是你热得还不够。

夏夏后来跟鹿叔说，初次见到你，你就像一碗冬瓜丸子汤，腾腾地冒着热气，看一眼就心生喜欢，看两眼就想跟你结婚。再看，再看，再看就想把你吃掉。

3

以前，我们都觉得鹿叔是一个木讷、不懂爱情的诗人，他活在他的世界里，不知道怎么跟女生相处，我们不停给他介绍女朋友。后来他遇见夏夏，我才知道，爱情这玩意儿，很多时候无师自通，只要你遇见喜欢的人。

只要你遇见喜欢的人，攒了二十几年的帅和心疼，全部按部就班。所以，鹿叔请我吃饭，哦，不，准确地说，是他们俩请我吃饭。我问，你们打算在一起了？

夏夏说，我认识你这么多年，谢谢这俩字特矫情，但还是想说一次，谢谢你把一个阳光明媚的男人带进我的生活里。

鹿叔说，我愿意把我所有的喜欢和好脾气，耗在这一个人身上。

我说，无论将来你们如何，与我无关，红娘领进门，修行在个人。成，皆大欢喜，结婚时加我一个酒杯；不成，我希望我们还是朋友，还可以一起坐下来，喝酒吃小龙虾。

今年终于有了初雪，回想起那晚的小龙虾真好吃，又麻又辣。窗外飘着漫不经心的雪花，我曾经拥有无数次遇见你的时光和一片一片的雪花，美得像是一场来不及醒来的梦，你别叫醒我，再让我傻笑一会儿。那时候的鹿叔萌得我们一脸狗血，他说，姑娘，你别老看啊！来，叔给你撸起袖子。

我认识的夏夏以前不是这样的姑娘啊！现在她挽起袖子，满上啤酒，跟我说，趁大雪落满了头，不如你祝我们白头偕老吧！

以前所有的小心翼翼，终于在另一个人面前肆无忌惮，我猜那应该是爱情，不是你本来的样子，而是你心里的样子全部重新活一遍。宿命如此，没有亏待你，只要开始那便是最好的，一点儿不晚。

我说，有时候命运真的是挺有意思的。我是你们俩中间的开关，我们彼此认识那么多年，却从来没有想过要把这个开关打开，认识一下，偏偏，就因为看了个演唱会，你们俩同时碰触了开关。早一点或者晚一点，这故事都不会这样。

夏夏说，是不是命中注定？

鹿叔说，是时机成熟，这一点很难。两个人在一起，但凡差那么一个时机，都不会有善果。果子结在树上，人人都从树下经过，可是只有熟的那一刻，才会有人停下来，我看中了那一颗，摘下来，这是我的选择，我一厢情愿，果子未必成熟，是因为我觉得它成熟，才去摘的。可是，你看，牛顿坐在苹果树下，苹果砸在他头上，这叫缘分，这叫时机成熟。

我说，有些事回头看，处处都是玄机，你说那天我怎么就正好堵车，你们怎么正好就碰见前任？其实，那不过是生命里最普通的一天而已，其实，你们还是互相吸引，若是没有吸引，那不过是萍水相逢的拔刀相助而已，不叫爱情，所以，还是应该感谢"万诱引力"。

4

想起一段话：我渴望有人至死都暴烈地爱我，明白爱和死一样强大，并且永远地扶持我。我渴望有人毁灭我，也被我毁灭，但我们都会重生，那是阳光升起的地方。你看，多美，雪融化得那么认真，它们会重新回到天上。

你看，世间的情爱何其多，小龙虾并不是唯一的美食，所以爱没有唯一的答案，你跟有心人，斟满一杯酒，交杯，你还想要怎样的良夜？

爱情这事吧有时候还挺轴，非等到攒满失望，才敢跟自己说，看，傻眼了吧！然后重新开始。没事，一切来得及反悔，你大好的姑娘，那么努力，凭什么活得那么潦倒？

当你开始去爱，你会明白，你不是这个世界的中心，别人不会围着你转，所以你要活得像是旋转寿司。你拼尽力气，并不是为了多吃一碗酒酿红烧肉，多啃两个麻辣烤鸡翅，而是去看看更大的世界。你也会明白，就算拼了全力，有些人、有些事也无能为力。所以那些错的爱，没什么不好，我们很难吃俩烫面火烧后再喝碗大酱汤，但是我还是想尝尝，滋味都尝过，你才知道你最想要的是啥。

没那么赶巧一恋爱就遇见能结婚的，谈恋爱有爱情就够了，可是婚姻需要面包。我记得微信里有一个人问过我，爱真的需要物质吗？我就回答过她一句话：恋爱不需要，婚姻需要，生孩子更需要。其实，这句话，你读三遍，你就明白了，我们大多数人都要承认一件事，我们只是普通人，比如我陪媳妇去做孕检，我跟医生说，我特别爱我的孩子，你给免费检查吧！凭什么？医生只会跟我说，收费处，左转，排队。对，交钱都需要排队。

想起那夜风雪很大，都绕过了夏夏的肩，鹿叔说，今夜洞房花烛，就不远送了。我跟他们挥手告别，问身边的姑娘，喜欢吗？她说，梦见过很多次。我说，那我们结婚好了。所以，如你所知道的结局，第二年 7 月，我也结婚了。现在我赚钱，养家糊口，这就是我所理解的爱，世俗并快乐着。

要不是绕那么大圈子，我哪知道最喜欢你

1

每一场爱都会有过去，就算是一个杀手，也会有小学同学。

所以，你看，在爱情里"杀熟"是最容易遇见爱情的一种方式。真的，你看，五分熟的番茄遇见七分熟的牛腩，为什么它们不相爱？因为它们不熟嘛！

小鱼是我小学同学，她小学毕业就去南方打工了。那个时候我去的最远的地方是镇上，而她已经跟着她爸在一个老人画圈的南海边卖手机了。1999 年，手机什么概念？我挺羡慕她去过那么多地方，那时候我最喜欢过年，只有那个时候她和故事以及好吃的会一起出现在我的面前。

当我准备参加高考的时候，她已经开始穿高跟鞋，涂抹那种很艳

丽的口红。她从上海回来路过我的学校，请我在路口边的羊肉汤馆喝汤，吃油酥火烧。她说，我要订婚了。然后给我摆弄她手机里的照片，我看到一个平头的男人，年纪应该比她大很多。

我说，只要他对你好就行。

那时候小鱼笑得很甜，那感觉我以前见过，三月的春风，热乎的榆钱饭，七里香的桂花，就这味儿。我那个时候没有手机，等收到小鱼的信已经很晚了，这才知道她被骗婚了。好几年的积蓄啊，一下子被骗光了。她说她要去北戴河看看，如果没有回来，就不用找她了。

我吓坏了，我用学校的公共电话找到了小胖，以前我们三个玩得最铁，开裆裤的交情。我让小胖去找她，务必要快，第二天我要考语文。我担心得要死，就抱着人家小卖部的电话一直在那儿苦等，后来小胖打来电话说，吃得太他妈带劲儿了，都忘记给你打电话这一茬了。

我回复小胖，去你的。

小胖说，你别管了，我已经安慰好了。胖哥出马的事，还能叫事吗？不说了，估计我的螃蟹凉了。

我说，你滚，我担惊受怕，你俩还吃香喝辣，当旅游呢！

小胖说，我能亏待你吗？我回去给你带。

我说，好嘞！

我心满意足地挂了电话。那时候我不知道什么叫爱情，只知道结婚就是两个人在一起，更不知道什么叫分手，所以我理解的小鱼的状态，大概就是两个人闹别扭，生气嘛，所以要跑出去散散心。小孩子还时常互相不理呢，何况是心思复杂的大人。

我没多想，小鱼被骗了那么多钱，她怎么有闲心跟小胖一起胡吃海喝，也许他们还有其他的故事瞒着我。总之那个时候，我觉得人是安全的，就是最大的福，其他的先暂时靠边。

几年前，我回老家，小鱼坐在村口的大石磨那里，抱着一个孩子，远远地她就跟我打招呼，小胖围着围裙来叫她回家吃饭。小胖看到我说，回来了。我问，结婚为什么不告诉我？小胖说，知道你忙，就没通知你。

我说，我们什么交情啊，开裆裤的交情啊！我狠狠地一拳打在了小胖的肩膀上。那晚我们喝到烂醉，我摇摇晃晃回家，也不知道为什么却很清晰地记得小胖说的话，两个人相爱，知根知底最重要啊！

我很想知道，如果当年我弃考去了北戴河，会不会又是另一个故事呢。

多年以前的夏天的午后，我们都还小。我记得我们在学校的大树下，小鱼说，等我长大了就嫁给你们其中的一个，你们谁愿意娶我？我跟小胖异口同声地说，我愿意。小鱼说，你们石头剪刀布，谁赢了我就嫁给谁。那年我伸出的是石头，那年我们12岁，那年我们走散了。

我问小鱼，如果可以重新选择一次，你还会嫁给小胖吗？

小鱼说，会。

我笑着问，为什么不是我？

小鱼说，我们不是一个阶层的人，你是将来要去大城市的。你有远大的抱负，你读那么多的书并不是为了娶我这一个姑娘，你应该娶一个与你旗鼓相当的姑娘。

我问，什么叫旗鼓相当？

小鱼说，就像我跟小胖啊，我们很早就弃学了。我们不懂书本里那么多的大道理，就过我们自己的小日子。

我问，北戴河的那一年，中间还发生过什么？

小鱼说，一个在危急关头有担当的男人，是值得托付一辈子的。

后来我想起很多事，你对一个人的爱无论付出多少，实际上都是
以结果为导向的。过程发生了什么，对方没看到，是不会心生感恩
的。比如对方说饿了，你顶着风雪拎着外卖去，哪怕是一份麻辣米
线，你最后放在她面前，稍微有点凉了，她就会抱怨。可是她不知道，
你在雪里摔倒过几次，她关心的是我要吃的，而且应该是热乎的。

所以，当年我没弃考，我所有的担心都是一家之言。对于小鱼来
说，她不知，所以那都是我自己一个人的事，而小胖远赴千里，那是爱，
是担当。我为你操心，你不知道没关系，那是我自己的事。

2

我高中有一个男同学，叫宁。2004 年，我们一起在济南参加艺
术考试的时候开始熟络起来。那时候我们在段店一个破旧的高楼 7 层，
恶补表演演讲技能，也时常会在楼顶一起踢球。

那时候，有几个一起谈得来的女生，我们经常在教室最后一排听歌、玩跳跳棋。我印象里最深的一首歌是张韶涵的《遗失的美好》，是其中一个女生经常唱给我听的，那个女生叫闵。很奇怪的，女生名字里的一般都是这个"敏"。

多年以后她从青岛飞厦门，我去车站接她，等机场大巴的时候，她说，你知道吗？宁跟婷结婚了。

婷是她当年最好的闺密，当年我们四个人一起玩得很好，我很深刻地记得高中毕业的那天晚上我们一起喝酒，我喝了很多。当年我差点跟闵在一起，就差那么一点，好在她那时候有了新男朋友，他们过马路都牵着小手，我由衷地替他们高兴。

初恋是高中最好的朋友，老婆是高中最好的朋友，初恋跟老婆是同一个人，那是一种什么体验？那是宁的故事。

其实中间有几年宁去当兵了，他临走的时候，我们一起吃饭。他喝得有点多，突然握着婷的手说，万一我突然喜欢上你，从军营里跑出来，算不算逃兵？婷说，你要是敢喜欢，我就等你呗，反正我不着急结婚。她确实不着急结婚，一直等了 4 年多，宁退伍以后，他们结婚了。

闵坐车去机场的时候，我想我们中间有 8 年多没有联系，现在她终于幸福了，看着车尾消失，挺开心的。现在可以很自豪地说，这个姑娘，当年我喜欢过。年轻的时候喜欢过一个人，讲出来有什么丢人的。好多事终于在时间面前缴械投降，固执任性都一笔勾销，再见面连拥抱都不再有，她站在你面前就好，那就是一缕风。

我们站在那里等车，只字不提当年爱过的事，都是一些陈芝麻烂谷子的事，像是吃一块口香糖，越嚼越淡，最后只能弃之。我们毕业后，交集越来越少，联系越来越少，所以再碰面傻笑居多，可聊的事实在太少。

你看，时间会摧毁很多东西。它那种摧毁，是挫骨扬灰，无影无形，等反应过来的时候，都已经消失不见了。闵问，你结婚了吗？

我说，没呢。

闵说，有机会真想看看你喜欢的姑娘是什么样子？跟她一样吗？

闵嘴里提及的她，是当年我喜欢过的姑娘，其实当年就分道扬镳了，无疾而终。好多事在时间面前，提不起来，太久远了。

我说，一定有机会的。

其实心里知道，她这一次只是路过，下一次路过不知道要等多久，其实命运也是这么好玩的。她多年以前也路过我的生命，最后我们成了彼此生命里的路人甲。

我曾经问过宁，如果可以重新选择一次，你还会娶婷吗？

宁说，我以前只想拥有，从来没有想过拥有的代价。如果可以重新来一次，我还是会这样选择，我还是会后悔，后悔那4年多我亏欠她的时光。所以，往后我只能加倍去爱她。

3

我有一个画画很棒的大学女同学。毕业多年后，我们在沂水老汽车站那吃路边摊烧烤，那时候她的小女儿已经4岁了。她跟我讲起她相亲的那件趣事。

很久以前，我们关系很好，好到被误会的那种。每年放假回学校，我都会去沂水转车，那时候我去她家，她妈妈都误会过，以为我是她男朋友，她懒得解释。那时候她是我同桌，我们经常一起去食堂吃饭，她知道我最喜欢吃的是土豆丝，我知道她对麻婆豆腐两眼放光，她们宿舍的人都觉得我们在恋爱，她懒得解释。

如果用一个词来形容这段关系，应该是类似爱情，只是我们都没有把喜欢这两个字说出口。不知道是不是当初害怕承诺，还是就愿意享受这种互补亏欠的关系。按理说，关系到了这种地步是非恋人不可的，偏偏我们夹在朋友以上，恋人以下。

后来，她谈了一个男朋友，分了。

后来，她回老家找了一份工作。

有那么一天，她的同事给她介绍了一个男朋友，她想要不就去看看吧。那个时候，她妈妈老催她结婚。她去了咖啡馆，碰到了大学同学，那么巧，她跟人家点头，男同学问她，一个人？她跟男同学聊了几句，不好意思说相亲在等人。男生也在等人。两人有一搭没一搭地聊着，可能有半个多小时，男同学说，不好意思，我打一个电话。然后她的手机正好响起来了。男同学说，喂？她说，喂？

她的同事居然是男同学的小学同学，就那么巧，兜兜转转认识了。

那天居然聊得挺开怀，于是后来经常一起约咖啡约吃饭，一切挺顺理成章的。后来男同学求婚，她就同意了。我才想起来，她曾经邀请我去参加她的婚礼，只是她欲言又止，她问我，穿白婚纱好看还是红婚纱好看？

一想到你结婚了，桃花落满了山坡。也对，好姑娘光芒万丈，该穿透雾和云打招呼，若雨还落在来时躲雨的屋檐下，你撑伞我就不走了，你往前会是晴天，我就站在原地等雨停吧。往后不顺路，我也不送你了。

那天的烧烤摊前，我点了一支烟，可能想问她的太多，但是我一句都没有问出口，最后我只说，你选的就是对的吧。

她问我，你什么时候结婚？

我说，应该快了。

她说，我突然很好奇一件事，我们当年在一起的时候，为什么彼此没有说过一句喜欢呢？

我说，不知道。

她问，是不是太熟了？

我笑笑，说，说不清。

她问，如果可以重新选择一次，你会不会跟我说喜欢？

我笑了笑，递给她一根烤翅说，趁热吃，才好吃。

4

你说，爱情有时候很怪，我们拼命挤出去想要看世界，看完世界才发现我们喜欢的就在身边。滚滚红尘涮着一波羊肉片，又涮一波鱼豆腐，你说我们是爱着羊蝎子吗？其实不是，我们只是不喜欢一个人吃火锅。我们就想锅里涮着肉，爱的人就在对面，她眉眼一笑，你便觉得那是世上最美的蘸酱。

我们常常向往远方，觉得近处无风景，其实只要爱的人在身边，那便是翻山越岭，那便是横水渡河。你觉得杀手独来独往，其实他也有小学同学，世人都觉得郭襄喜欢杨过才留在峨眉，其实她不过喜欢峨眉的雾，像极了十八岁那年的烟火。

你说，如果一个杀手有一天接到任务，他看着照片，上面是他最喜欢的姑娘，他会怎么办？其实我们每一个人都接到过这个任务，这个任务叫作爱情。谁不曾奋不顾身，谁不曾遍体鳞伤，只是我们大多数人不敢相信，杀熟是最容易遇见爱情的一种方式。

很多爱情不过就是绕一个大大的圈子，然后才发现原来喜欢的就在身边，我们都经历过一个陌生而成熟的过程。在这个过程里，我们意识到我们想要的是什么，所以，我们回头看，那个人还在，那种感觉真好！

　　所以，没事常去同学会，能成一对是一对。

愿你在不安的深夜，能有个归宿

1

微信里有一个叫作晶晶的姑娘跟我说，柒叔，我觉得爱情对我来说像周黑鸭。

我问，为啥呢？

她说，我吃不了辣，一吃辣就会一把鼻涕一把泪，但是我不吃还会馋。

我问，那你到底是吃呢，还是不吃呢？

她说，不一定，我已经好久没吃了。

我说，我也好久没吃了，以前的时候特爱吃，现在发现不吃也不是那么想。因为它不是生命里的必需品，爱情也不是必需品。

她说，我心里还有念想，只是不敢轻易碰触，因为我知道后果，其实想伸手去碰触却又缩回了手。是不是像我们常说的那样，一朝被蛇咬，十年怕井绳。叶公好龙，可是龙真的来了，又怕自己无处躲藏。

　　我说，有些爱应该敬而远之。

　　她问，比如？

　　我说，你明知道不能在一起，却偏偏动了心。

　　她问，那后果呢？

　　我说，像是吃辣鸭脖，嘴上一时爽，肚里辣得慌。

2

　　我恰好认识一个叫作小夕的姑娘，我们不是传统意义上的朋友。我们没有见过面，我们只是在深夜用微信聊过天，那种适合交换秘密的深夜。

　　我印象里的她应该是一盘湖南香辣虾：辣、酥、香；她理解中的我应该是一盘青岛辣炒蛤蜊：辣、嫩、香。你看，大家都来自深海，兴趣相投，当然聊得来。于是我们成了好朋友，所以她告诉了我一个故事。

那天她打扮得很漂亮，却因为下雨没赶上飞机。她在雨里挺狼狈的，刚好路过一家摄影店，她看着橱窗里的婚纱，才想起她今天要赶最早的一班飞机去离婚。她站在橱窗外盯了很久很久，直到店里的老板看到她，问，姑娘，你要拍婚纱照吗？

她做了一个决定，要送给自己一个礼物。结婚4年了，她看着橱窗上自己的倒影，才知道，她的青春即将下架。她问，能拍写真吗？

老板递给她一条毛巾，然后说，你擦擦脸，先补个妆。她坐在化妆镜前，关了自己的手机，想好好地给自己过一个生日。老板给她处理完整个妆容，然后让她站在幕布前，老板的快门迟迟没有按下，然后老板只问了一句话：你，相信一见钟情吗？

那天晚上，他们租了一条小船，"让我们荡起双桨，小船推开波浪"的那种。她说，快跟我说生日快乐。

摄影店老板说，你愿意跟我私奔吗？

那句话吓了她一跳。他们不过才刚刚在摄影店对面的餐馆里吃过一顿饭而已，摄影店老板也不过听了听她的故事而已。摄影店老板说，我刚好有一个摄影项目，想带你去西藏看看。

她还清晰地记得她跟她老公吵架闹离婚的事，结婚4年，孩子3岁。她从来没有张口要过什么，甚至她老公南下去工作，她二话不说就开始照顾整个家。她只是要求她老公在新房子上加上她的名字，就是这么一个名字，他们要离婚了。

她老公说，这个房子你没有出钱，你只有使用权，没有拥有权。结婚前你说过你什么都不要的。

那个姑娘跟我说，你真以为我要那个房子？我只不过要一个安稳的生活。我陪他租了5年房，我就想要那么一点点的安全感。至少将来，如果将来离婚了，他会疼一下，哪怕心疼一下他一半的房子也好。

后来，姑娘跟摄影师去了车站，她还是临时改变了车次。她说，我要回长沙，我要离婚。

摄影师说，好，我在成都等你。

他们在车站拍了唯一一张的合影，然后互相道别。她看着摄影师的背影，心想，爱情不分先来后到，晚到的有什么错？喜欢一个人又不伤天害理，婚姻才分先来后到，晚到的就该识趣，烤韭菜跑人家西红柿炒蛋的锅里瞎搅和什么。她觉得，人啊，一定要为自己而活。

那天她回家，他老公说，回来了。再也没提离婚的事，她老公在厨房做了几个菜。她第一次没有闻到那种辣椒爆锅呛人的烟味。菜上桌，她老公笑笑说，你尝尝，还合口味吗？她看到她老公面前，有一碟辣酱。她老公挺能吃辣的，是那种无辣不欢的人，以前每个菜都放辣，就连西红柿鸡蛋汤都放胡椒粉。每次她都在面前放一小杯清水，那杯清水放了 5 年，现在没有了。

她老公一只一只地剥虾，剥完虾，擦擦手，说，忘了跟你说，咱家的房产证下来了，你看看。她看见上面只有她的名字，可惜，她已经忘记了什么叫作开心。

她知道爱情不是必需品，可惜她尝过最好的爱情。年轻的时候遇见一个人，也曾想深爱他为他生孩子，觉得那是上天赐予的福分，后来被深深地伤害，那感觉就像小刀割破了手，买了一个漂亮的创可贴。

她想起很多年以前，她第一次遇见他，他问她，为什么不喜欢吃虾呢？她说，剥壳太费劲了。他一只一只地剥好，放在盘里，跟她说，这么好吃的东西不尝尝，那该多遗憾啊！

小夕给我讲故事前，我以为她是一盘香辣虾，辣酥香那种的，后来故事结束，我才知道她是一盘白灼虾，那一身硬壳不过是她保护自己的盔甲，现在终于有人知道心疼她了，真好。抬头看苍天，它从来没有亏待那些善良的人。

3

有太多人跟我分享过关于爱的状态，我见过最好的状态：值得你就撑，不值你就撤。没有谁非要陪谁到老，别被道德绑架，少听大道理，喝过烈酒一杯，喝过西北风一碗，幸好还抱过你，那便是一生的幸事。

爱情真的不是必需品，不过是一份调味品而已。是白灼虾缺的那一碟味极鲜，是小火锅缺的那碗花生酱，是面包上缺的那一抹黄油。

小夕跟我说，若不是走到离婚那一步，我可能这一辈子都不知道还有自己这种生物。我以为我只有老公和女儿，原来，我还有我自己。

摄影师打电话说，我等你。

小夕说，对不起。

摄影师沉默了好大一会儿，笑着说，等你拍写真呢。

小夕说，嗯。

摄影师说，对不起。

小夕问，为什么？

摄影师说，我的喜欢却让你为难了。

小夕说，你会遇见更好的。

摄影师说，谢谢，因为你的出现，让我知道原来爱可以那么有爆发力。像是激活一座沉寂的火山，像是融化一大块冰川下的冰块，像是走了很久的沙漠看见远方有一大片梅林。你是我往后开始爱情的样本答案。

小夕说，问你一个问题，如果你没听过我的故事，你还会喜欢上我吗？

摄影师想了很久，没有回答。

我知道爱里一定存在这种不安的分子，它是一股催化剂，让我们看清自己的模样。我们会突然被新鲜的元素吸引，也会渐渐地对自己平淡的爱情失去信心。所有事情不是一下子袭来的，决堤的洪水总归是要攒一个多雨的季节才爆发。

小夕问她老公，如果我们真的离婚了，你怎么办？

她老公说，负气的一句话。

小夕说，我真的当真了。

她老公笑着说，你那么傻，为什么信以为真？

小夕说，你以前说我爱你的时候，我也当真了，你说的每一句话我都当真了。你是觉得对孩子愧疚才和好，还是觉得你对我仍有爱意？

她老公突然很疑惑地看着她，问，为什么这么问？

小夕说，最最难的时候，我都没有想过要离开你，反而你亲口说离婚的时候，我一下子疲惫下来。突然觉得我强撑的这个世界，原来那么不堪一击。

她老公说，对不起。

小夕问，为什么？

她老公说，我的任性让你为难了。

小夕哭着说，我就这么一个我，你要是不珍惜，就真的没有了。

她老公说，我欠你太多，我们应该拍婚纱照，办酒席。那些所有跟爱相关的仪式统统来一遍，唯独欠你的时光换不回，所以，愈发心里内疚。

为什么我们会用内疚去维系一场感情？

小夕始终不明白，隔了那么多年，两个人之间多了太多太多的内容。内疚大概只是感情里相处的一种形式，以前的时候，两个人遇见像是书封遇见封底，那中间不过是单页，大大的三个字：我爱你。两情相悦，那就立马开始这场感情吧，从此你一笔，我一笔，洋洋洒洒，成了我们饱经风霜的日子。

我们都会在婚姻里做错事，这一错不足成千古恨，但始终是心里的小疙瘩。于是内疚的背后是一连串的疼惜和弥补，你欠着对方的，物质可以还得清，你生日他给你买鲜花，他生日你给他买领带，感情还不清。他爱你 10 分，你还 10 分，这 10 分怎么计算？若你多还 1 分，你说他会不会骄傲？

尝过恋爱苦头的恋人，最懂携手是一种什么感觉，像是黑夜，突然被抓起手，那一股暖流传遍整个身体的信任，可以冲淡心里的所有害怕和恐慌。前面不必有光，手里握着爱的人就是方向；前面不必有诗和远方，走累了，坐下喝一碗面汤，就能攒足劲头去远方的山冈。

我觉得欠对方一点什么是一件好事，心里有惦念才会时时提醒自己，若是两不相欠，何必记得？你回头想想，你生命的那些重要的人，总是有些互相亏欠的。我记得，至尊宝昏倒的时候叫了晶晶这个名字98次，他说晶晶是他娘子，所谓心上人必定时时念起哪怕梦里头。可是还有一个名字，叫紫霞，他喊了784次，所以菩提跟他说，这个紫霞一定欠你很多钱。

我猜至尊宝一定也希望这个紫霞姑娘欠他很多钱，钱这种东西很容易还得清，可是有些东西还不清，多少年都还不清。如果非要在这个年上加一个期限，我猜，大概一万年后可以还得清。对啊，山海突变，沧海桑田，我们都变了物种，你潜入海底入眠，我从云朵里醒来，一辈子都不见一面还怎么爱？

可是，老话怎么说，十年修得同船渡，你是渡客我是船夫；百年修得共枕眠，你是鼾声四起我是含笑入眠；千年修得人形，我们重新从佛说的石桥上过，五百年风五百年雨，但愿那个时候我背着书篓路过，只为博小娘子一笑。可是，对不起，现在不允许动物成精，所以，万般修行，你还是那一尾鱼，我还是那一只鸟。

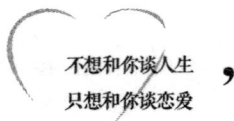

所以，欠着，欠着，就爱了一生呢。你看，一个姑娘在你最难的时候陪着你吃土，那是多大的坎，土吃完就剩下欠，将来秋天收了谷，再慷慨给姑娘，那叫欲，一欠一欲，一借一还，再借不难。

4

小夕回老家，特意绕到摄影师的门店。她还是站在门口外的橱窗边，盯着那套漂亮的婚纱。

摄影师笑着看着她，说，你穿上一定很漂亮。

小夕说，我是特意来告诉你，不用等我了。

那句话有两层意思，关于拍写真，关于我爱你，都给不了肯定的答案。前人欠的由前人来偿还，我欠在你身上的，要及时止损。

摄影师看着小夕走的背影，默默地说了一句：我知道，我等到了。

有时候就想听你亲口说，站在我面前，哪怕是不可能。因为心里再清楚不过，听你说完，才敢确认，这事才算完结。因为你不喊"cut"，我就知道，这剧情还有发挥的空间，可是你一喊"cut"，我们都会回到现实。

你连自己都保护不了，跟我说你要守着碎一地的爱情拼出一朵花？你都无法讨自己开心，你何来能耐讨这个世界欢心？

爱情放到生命面前不值一提，关键是生命里，除了爱情还有加了冰块的啤酒，抹了新奥尔良酱的烤鸡翅，甚至还有牛肉酱拌面、酥香辣子鸡、7分熟的香煎牛排，等等。想想还未开始的人生，你是不是已经开始爱上那个来自2025年、来自2035年、来自2045年的每一个热爱生活的你？所以此时此刻，你没那么孤单，你抬头看，那颗星，会陪你很多年，很多年。

所以，我相信，在不安的深夜，我们都能有个归宿。那天，小夕深刻地理解了一件事，我相信我爱的人所做的一切。我们常说，爱情啊，婚姻啊，需要两个人互相信任，其实不是，有时候，仅仅是一个人的一厢情愿，在我相信中间还有两个字，那两个字结婚的时候，在彼此给对方誓言的时候，我们都说过，叫作我"愿意"。

所以，所谓的我爱你，是基于我相信；如果不是，我愿意退一步，变成我愿意相信。